坦克与装甲车大百科（图鉴版）

《深度军事》编委会 编著

（第2版）

清华大学出版社
北京

内 容 简 介

本书精心挑选了自第一次世界大战以来世界各国的百余种经典坦克与装甲车，分为轻型坦克、中型坦克、重型坦克、主战坦克、履带式/半履带式装甲车、轮式装甲车等类别，对每种坦克或装甲车的研制时间、主要构造、作战性能、生产数量、使用单位等情况进行了简明扼要的介绍。

本书内容结构严谨、分析讲解透彻、图片精美丰富，适合广大军事爱好者阅读和收藏，也可以作为青少年的军事科普读物。

本书封面贴有清华大学出版社防伪标签，无标签者不得销售。
版权所有，侵权必究。举报：010-62782989，beiqinquan@tup.tsinghua.edu.cn。

图书在版编目（CIP）数据

坦克与装甲车大百科：图鉴版/《深度军事》编委会编著.—2版.—北京：清华大学出版社，2019（2024.5重印）
(现代兵器百科图鉴系列)
ISBN 978-7-302-52807-4

Ⅰ.①坦… Ⅱ.①深… Ⅲ.①坦克—世界—图集②装甲车—世界—图集 Ⅳ.①E923-49

中国版本图书馆CIP数据核字(2019)第077010号

责任编辑：李玉萍
封面设计：李　坤
责任校对：张彦彬
责任印制：丛怀宇

出版发行：清华大学出版社
网　　址：https://www.tup.com.cn, https://www.wqxuetang.com
地　　址：北京清华大学学研大厦A座
邮　　编：100084
社 总 机：010-83470000
邮　　购：010-62786544
投稿与读者服务：010-62776969, c-service@tup.tsinghua.edu.cn
质量反馈：010-62772015, zhiliang@tup.tsinghua.edu.cn
印 装 者：北京博海升彩色印刷有限公司
经　　销：全国新华书店
开　　本：190mm×260mm　　印　张：20.75　　字　数：264千字
版　　次：2015年7月第1版　　2019年8月第2版　　印　次：2024年5月第8次印刷
定　　价：89.00元

产品编号：082693-02

前言 Preface

陆军是现代化三军中最古老的军种，从有军队存在就有陆军了，其地位不言而喻。随着科技的发展，人类逐渐摆脱了陆地的限制，可以上天下海。也正是如此，人们越来越多地探索陆地以外的空间，渐渐地也诞生了除陆军以外的军种，包括海军和空军等，他们可以借助战机、战舰等装备，实现多种战斗模式。在此消彼长之下，陆军的地位受到剧烈冲击。

冷战结束之后，随着世界整体环境的稳定，没有大规模的战争发生，"陆军无用论"开始在世界范围内流行起来。持此观点的人认为，陆军在现代战争中基本没什么大的作用了，只有打扫战场等后续任务，所以应当大力发展海空和网络力量。事实上，这种观点看似有理，却有失偏颇。陆军的灵活多变，是其他军种所不具备的，面对复杂的地形环境，如果没有陆军的参与，一场战斗是无法打响的。因此在未来战场上陆军的地位同样无法动摇。

坦克与装甲车作为陆军的重要打击和机动装备，从一战开始便伴随陆军部队在各大战场上纵横驰骋，时至今日仍然是陆军执行各类作战任务时的重要倚仗。随着陆军的不断发展和转型，坦克与装甲车也在不断进化，它们在战场上大显神威的同时，也吸引着众多军事爱好者的目光。

2015年，我社推出了"现代兵器百科图鉴系列"图书，其中《坦克与装甲车大百科（图鉴版）》一书对二战以来世界各国制造的百余款经典坦克与装甲车进行了全面介绍，涵盖轻型坦克、中型坦克、重型坦克、主战坦克、履带式/半履带式装甲车、轮式装甲车等多个类别。每种坦克与装甲车都简明扼要地介绍了研制时间、主要构造、作战性能、生产数量、使用单位等知识，并配有精美而丰富的鉴赏图片。由于内容全面、图文并茂、印刷精美，该书在市场上获得了不错的反响，是帮助读者了解坦克与装甲车的得力助手。

不过，由于军事知识更新较快，在近两年里出现了不少新式坦克与装甲车，而一些现役的坦克与装甲车也在不断改进。针对这种情况，我社决定在第1版的良好基础上，虚心接受读者提出的意见和建议，推出内容更新更全的第2版。与第1版相比，第2版不仅新增了数十种坦克与装甲车，还对第1版中的过时信息进行了更新。

本书由《深度军事》编委会创作，参与本书编写的人员还有黄成、阳晓瑜、陈利华、高丽秋、龚川、何海涛、贺强、胡姝婷、黄启华、黎安芝、黎琪、黎绍文、卢刚、罗于华等。在本书的编写过程中，我们在内容上进行了去伪存真的甄别，使其更加符合客观事实；同时全书内容经过多位军事专家严格的筛选和审校，力求尽可能地准确、客观，便于读者阅读参考。由于编者经验有限，书中难免有疏漏和不足之处，恳请专家和读者不吝赐教。

本书赠送的图片及其他资源均以二维码形式提供，读者可以使用手机扫描右侧的二维码下载并观看。

Contents 目录

CHAPTER 01　**坦克与装甲车漫谈**

坦克与装甲车的定义	2
火力	4
防护性能	6
机动性能	8

CHAPTER 02　**主战坦克**

美国 M60 "巴顿" 主战坦克	12
美国 M1 "艾布拉姆斯" 主战坦克	14
俄罗斯 T-54/55 主战坦克	16
俄罗斯 T-62 主战坦克	18
俄罗斯 T-64 主战坦克	20
俄罗斯 T-72 主战坦克	22
俄罗斯 T-80 主战坦克	24
俄罗斯 T-90 主战坦克	26
德国 "豹 1" 主战坦克	28
德国 "豹 2" 主战坦克	30
英国 "百夫长" 主战坦克	32
英国 "酋长" 主战坦克	34
英国维克斯 MK7 主战坦克	36
英国 "挑战者 1" 主战坦克	38
英国 "挑战者 2" 主战坦克	40
法国 AMX-30 主战坦克	42
法国 AMX-40 主战坦克	44
法国 AMX-56 "勒克莱尔" 主战坦克	46
意大利 C1 "公羊" 主战坦克	48
以色列 "梅卡瓦" 主战坦克	50
瑞典 S 型主战坦克	52
瑞士 Pz61 主战坦克	54
西班牙 "豹 2E" 主战坦克	56
日本 90 式主战坦克	58
日本 10 式主战坦克	60
韩国 K1 主战坦克	62
韩国 K2 主战坦克	64
印度 "阿琼" 主战坦克	66

CHAPTER 03　轻型坦克

美国 M2 轻型坦克　　　　　　　　　　70
美国 M3 "斯图亚特" 轻型坦克　　　　72
美国 M22 "蝗虫" 轻型坦克　　　　　　74
美国 M24 "霞飞" 轻型坦克　　　　　　76
美国 M41 "华克猛犬" 轻型坦克　　　　78
美国 M551 "谢里登" 轻型坦克　　　　80
俄罗斯 T-26 轻型坦克　　　　　　　　82
俄罗斯 T-60 轻型坦克　　　　　　　　84
俄罗斯 BT-7 轻型坦克　　　　　　　　86
德国一号轻型坦克　　　　　　　　　　88
德国二号轻型坦克　　　　　　　　　　90
英国维克斯 MK.E 轻型坦克　　　　　　92
英国 "瓦伦丁" 轻型坦克　　　　　　　94
英国 "蝎" 式轻型坦克　　　　　　　　96
法国雷诺 FT-17 轻型坦克　　　　　　98
法国 FCM 36 轻型坦克　　　　　　　100
法国 AMX-13 轻型坦克　　　　　　　102
日本 94 式轻型坦克　　　　　　　　 104

CHAPTER 04　中型坦克

美国 M2 中型坦克　　　　　　　　　108
美国 M3 "格兰特 / 李" 中型坦克　　 110
美国 M4 "谢尔曼" 中型坦克　　　　 112
美国 M46 "巴顿" 中型坦克　　　　　114
美国 M47 "巴顿" 中型坦克　　　　　116
美国 M48 "巴顿" 中型坦克　　　　　118
乌克兰 T-24 中型坦克　　　　　　　120
俄罗斯 T-28 中型坦克　　　　　　　122
俄罗斯 T-34 中型坦克　　　　　　　124
德国三号中型坦克　　　　　　　　　126
德国四号中型坦克　　　　　　　　　128
德国 "豹" 式中型坦克　　　　　　　130
英国 "十字军" 坦克　　　　　　　　132
英国 "马蒂尔达" 坦克　　　　　　　134
英国 "克伦威尔" 坦克　　　　　　　136
英国 "彗星" 坦克　　　　　　　　　138
英国 "谢尔曼萤火虫" 中型坦克　　　140
法国索玛 S-35 坦克　　　　　　　　142
意大利 M11/39 中型坦克　　　　　 144
意大利 M13/40 中型坦克　　　　　 146
意大利 M14/41 中型坦克　　　　　 148
日本 97 式中型坦克　　　　　　　　150

CHAPTER 05　重型坦克

美国 M26"潘兴"重型坦克	154
美国 M103 重型坦克	156
俄罗斯 T-35 重型坦克	158
俄罗斯 KV-1 重型坦克	160
俄罗斯 KV-2 重型坦克	162
俄罗斯 KV-85 重型坦克	164
俄罗斯 IS-2 重型坦克	166
俄罗斯 IS-3 重型坦克	168
俄罗斯 T-10 重型坦克	170
德国"虎"式重型坦克	172
德国"虎王"重型坦克	174
德国"鼠"式超重型坦克	176
英国"丘吉尔"坦克	178
英国"土龟"超重型坦克	180
法国 FCM 2C 重型坦克	182
法国 Char B1 重型坦克	184
法国 ARL 44 重型坦克	186
意大利 P-40 重型坦克	188

CHAPTER 06　履带式/半履带式装甲车

美国 M3 半履带装甲车	192
美国 M113 装甲运兵车	194
美国 AIFV 步兵战车	196
美国 M2"布雷德利"步兵战车	198
美国 LVTP-5 两栖装甲车	200
美国 AAV-7A1 两栖装甲车	202
美国 M728 战斗工程车	204
美国 M9 装甲战斗推土机	206
俄罗斯 BMD-1 伞兵战车	208
俄罗斯 BMD-2 伞兵战车	210
俄罗斯 BMD-3 伞兵战车	212
俄罗斯 BMD-4 伞兵战车	214
俄罗斯 BMP-1 步兵战车	216
俄罗斯 BMP-2 步兵战车	218
俄罗斯 BMP-3 步兵战车	220
俄罗斯 IMR-2 战斗工程车	222
德国 SdKfz 250 半履带装甲车	224
德国 SdKfz 251 半履带装甲车	226
德国"黄鼠狼"步兵战车	228
德国"美洲狮"步兵战车	230
德国"鼬鼠"空降战车	232
英国通用载具	234
英国"武士"步兵战车	236

英国"风暴"装甲运兵车	238
英国"弯刀"装甲侦察车	240
法国 AMX-VCI 步兵战车	242
法国 AMX-10P 步兵战车	244
法国 AMX-30 战斗工程牵引车	246
意大利"达多"步兵战车	248
以色列"阿奇扎里特"装甲运兵车	250
瑞典 CV-90 步兵战车	252
瑞典 Bv206 装甲全地形车	254
瑞典 BvS10 装甲全地形车	256
日本 89 式步兵战车	258

CHAPTER 07　轮式装甲车

美国 M3 装甲侦察车	262
美国 M8 轻型装甲车	264
美国 T17 装甲车	266
美国 V-100 装甲车	268
美国 HMMWV 装甲车	270
美国 M1117 装甲车	272
美国"斯特赖克"装甲车	274
美国"水牛"地雷防护车	276
美国 JLTV 装甲车	278
美国 LAV-25 装甲车	280
俄罗斯 BTR-60 装甲车	282
俄罗斯 BTR-70 装甲车	284
俄罗斯 BTR-80 装甲车	286
俄罗斯 BRDM-2 两栖装甲侦察车	288
俄罗斯"回旋镖"装甲运兵车	290
俄罗斯"虎"式装甲车	292
乌克兰 BTR-4 装甲运兵车	294
德国"野犬"式全方位防护运输车	296
德国"拳师犬"装甲运兵车	298
英国"撒拉森"装甲车	300
法国 VBCI 步兵战车	302
法国 VBL 装甲车	304
法国 VAB 装甲车	306
法国 AMX-10RC 装甲车	308
意大利 VBTP-MR 装甲车	310
瑞士"食人鱼"装甲车	312
南非 RG-31 防地雷反伏击车	314
南非 RG-35 防地雷反伏击车	316
日本 96 式装甲运兵车	318
日本高机动车	320

参考文献　322

CHAPTER 01

坦克与装甲车漫谈

坦克与装甲车是现代陆军最重要的作战装备之一，在陆战中起着决定性的作用。未来，坦克与装甲车仍将是地面作战的重要突击兵器，许多国家正依据各自的作战思想，积极地利用现代科学技术的最新成就来发展新型坦克与装甲车。

坦克与装甲车的定义

装甲车是具有装甲防护的各种履带式或轮式军用车辆,是安装有装甲的军用或警用车辆的统称。事实上,坦克也是履带式装甲车的一种,但在习惯上通常因作战用途另外独立分类,而装甲车多半是指防护力与火力较坦克弱的车种。

装甲车的特性为具有高度的越野机动性能,有一定的防护和火力作用,一般装备一门至两门中小口径火炮及若干挺机枪,一些还安装了反坦克导弹。装甲车主要由装甲车体、武器系统、动力装置等组成。为了增强防护和方便乘员下车战斗,多采用前置动力装置方案。按照用途来分类,装甲车可以分为步兵战车和装甲运兵车,装甲运兵车为步兵和作战物资提供装甲保护,而步兵战车则可以支援步兵战斗。

·以色列"梅卡瓦"主战坦克编队·

·高速行驶的德国"豹2"坦克·

与一般装甲车相比,坦克具有更强大的直射火力、高度越野机动性和更坚实的装甲防护力,有"陆战之王"的美称。坦克主要由武器系统、火控系统、动力系统、通信系统、装甲车体等系统组成。作为现代陆上作战的主要武器之一,坦克主要负责与敌方坦克或其他装甲车辆作战,也可以压制、消灭反坦克武器、摧毁工事、歼灭敌方有生力量,是战争中威力极大的武器。坦克一般装备一门中口径或大口径火炮(有些现代坦克的火炮还可以发射反坦克/直升机导弹)以及若干挺防空(高射)或同轴(并列)机枪。坦克大多使用旋转炮塔,但也有少数使用固定式主炮。

早期的坦克按战斗全重和火炮口径的大小可分为轻型坦克、中型坦克、重型坦克三种。20世纪60年代以来,许多国家将坦克按用途分为主战坦克和特种坦克。主战坦克是现代装甲兵的主要战斗式器,用于完成多种作战任务。特种坦克是装有各种特殊设备、担负专门任务的坦克,如侦察、空降、喷火、水陆两用坦克等。

• 中东战场上的坦克与装甲车 •

■ 极具威慑力的美国M1"艾布拉姆斯"主战坦克

火力

■ 美国M1"艾布拉姆斯"主战坦克开炮时的巨大焰火

火力是指坦克与装甲车对目标构成的破坏能力，主要体现在主炮上面，由主炮的口径、射击精度、穿甲能力、射速等组成。以坦克为例，目前世界上主要军事大国的坦克都采用105毫米、120毫米和125毫米三种口径的主炮；主炮射击精度取决于火控系统的好坏，好的火控系统能够让坦克射击精度大大提高；主炮穿甲能力的重要性甚至高过坦克炮的射击精度，在海湾战争中，伊拉克的T-72坦克由于无法洞穿美国M1A1坦克的正面装甲，只能由美国坦克任意宰割；射速也是衡量主炮火力的一大指标，现在很多坦克都采用了自动装填机，大大提高了射速。美国M1A2坦克并没有装备自动装弹机，在射速上稍低，但人工装弹在可靠性上更高。

除了主炮之外，坦克与装甲车通常还安装有其他辅助武器，例如以色列的"梅卡瓦4"主战坦克，不仅安装有1挺7.62毫米的机枪，还安装了1门60毫米口径的内置迫击炮，用来攻击躲藏在障碍物后面的敌方目标。

■ 美国M1"艾布拉姆斯"主战坦克开火

防护性能

■ 重视防护力的以色列"梅卡瓦"坦克

■ 二战时以防护力强悍闻名的德国"虎王"坦克

坦克与装甲车的防护能力和火力一样重要，由于坦克与装甲车的主要任务是冲锋陷阵，因此，极容易遭到敌方各种武器的重点打击。如果没有强大的防护力，在现代战争的超强火力网中，坦克与装甲车也只是移动靶子而已，很容易被敌人的火力摧毁。

一般情况下，坦克与装甲车正面装甲的防护力最强，侧面次之，后部和顶部、腹部最差，还有履带式坦克与装甲车的履带，也算是弱点之一。现代的大威力反坦克与装甲车地雷通常能炸断履带，甚至贯穿坦克与装甲车腹部。重型反坦克与装甲车导弹往往也可以穿透坦克与装甲车正面装甲，即便是威力稍差的反坦克与装甲车火箭筒和轻型的反坦克与装甲车导弹，也可以采取攻击侧面和尾部的方式来击毁坦克与装甲车。另外，如155毫米榴弹炮等重型火炮，若直接命中坦克与装甲车或者近距离爆炸，也可能摧毁坦克与装甲车或利用爆炸产生的剧烈冲击波杀伤车内人员和设备。

机动性能

■越野能力极强的美国 HMMWV 装甲车

机动能力是衡量坦克与装甲车的重要指标之一，特别是装甲运兵车这类以运输为主要任务的装甲车。坦克与装甲车的机动能力不仅直接影响坦克与装甲车的战斗力，而且影响它的生存能力。在战争中，坦克与装甲车的机动能力直接决定战时的部署速度和进攻推进速度。

　　坦克与装甲车一般都被用于野战，这就要求坦克与装甲车具备很强的越野能力，包括越野速度、垂直越高、越壕宽度、涉水深度等。越野速度作为评价坦克与装甲车越野能力的重要数据之一，当然是速度越快越好。现代的坦克与装甲车在机动能力上都非常强劲，不仅在战壕的通过能力、矮墙攀越能力上非常出色，而且能够通过水深较大的区域，这在战时非常有用。

· 德国"豹2"主战坦克翻越土坡 ·

CHAPTER 02
主战坦克

主战坦克是能对敌军进行积极、正面攻击的坦克。其火力和装甲防护能力达到或超过以往重型坦克的水平，同时又具有中型坦克机动性好的特点，是现代装甲兵的基本装备和地面作战的主要突击兵器。

美国 M60"巴顿"主战坦克

M60"巴顿"（Patton）主战坦克是美国陆军第四代也是最后一代"巴顿"系列坦克，同时也是美国第一种严格意义上的主战坦克。该坦克自1960年一直服役到20世纪90年代初才从美国陆军退役，目前仍有部分在其他国家服役。

M60主战坦克采用1门105毫米线膛炮，该炮采用液压操纵，并配有炮管抽气装置，最大射速可达6～8发/分。可使用脱壳穿甲弹、榴弹、破甲弹、碎甲弹和发烟弹在内的多种弹药，全车载弹63发。M60主战坦克的辅助武器为1挺12.7毫米防空机枪和1挺7.62毫米并列机枪，分别备弹900发和5950发。此外，在该坦克炮塔的两侧还各安装有一组六联装烟幕弹/榴弹发射器。M60主战坦克的正面装甲防护厚度约为150毫米，并配有个人三防装置，每个乘员均有防护面具。此外，在该坦克的动力舱内还安装有二氧化碳灭火系统。

·博物馆中的M60主战坦克·

·装有推土铲的M60A1主战坦克· ·在德国参加军事演习的M60A3主战坦克·

CHAPTER 02　主战坦克

美国 M1 "艾布拉姆斯" 主战

M1 "艾布拉姆斯"（Abrams）主战坦克是美国陆军和海军陆战队的现役主战坦克，1980年开始装备美国陆军，之后逐渐诞生了 M1A1、M1A2 等改进型号。

M1 主战坦克的初期型号使用 1 门 105 毫米线膛炮，从 M1A1 型号开始改用了德国莱茵金属公司的 120 毫米 M256 滑膛炮。该炮可发射多种弹药，包括 M829A2 脱壳穿甲弹和 M830 破甲弹，其中 M829A2 脱壳穿甲弹在 1000 米距离上可穿透 780 毫米装甲。M1 主战坦克的辅助武器为 1 挺 12.7 毫米机枪和 2 挺 7.62 毫米并列机枪，其中 12.7 毫米机枪安装于电动旋转平台上，既可手动操作也可电动操作，但自 M1A2 之后的型号则只能手动操作。

此外，炮塔两侧还装有八联装 L8A1 烟幕榴弹发射器。M1 主战坦克的车体和炮塔都使用了性能先进的钢装甲包裹贫铀装甲的复合式装甲，可有效对付反坦克武器。该坦克还安装了集体式三防系统，具备核生化环境下的作战能力。

• M1A1 主战坦克侧面视角 •

• M1A1 主战坦克正面视角 •

坦克

■ 美国陆军 M1 主战坦克编队

俄罗斯 T-54/55 主战坦克

• T-54 主战坦克前方视角 •

T-54/55主战坦克是苏联于20世纪40年代后期开始生产的主战坦克,也是有史以来产量最大的坦克,总产量约10万辆。该坦克曾是苏联及华约国家的装甲主力,并被输出到众多国家。

T-54/55坦克的机械结构简单可靠,与西方坦克相比更易操作,对乘员操作水平的要求也较低。该坦克是一种体型相对较小的主战坦克,重量较轻、履带宽大、低温条件下启动性能好,而且还可以潜渡,因此机动性能尚佳。T-54/55坦克也拥有一些致命的弱点,如较小的体型牺牲了内部空间以及乘员的舒适性。炮塔太矮,使炮塔最大俯角仅为5度(西方坦克多为10度),对于山地作战常无能为力。由于T-54/55坦克的火炮稳定装置落后,因此这些坦克仅能在停车时进行稳定有效的射击。车内的弹药缺乏有效的防护,致使坦克在被击中后容易发生二次爆炸。

·博物馆中的T-54主战坦克·

俄罗斯 T-62 主战坦克

T-62 主战坦克是苏联继 T-54/55 坦克之后于 20 世纪 50 年代末发展的新型主战坦克，其 115 毫米滑膛炮是世界上第一种实用的滑膛坦克炮。该坦克于 1962 年定型，1964 年批量生产并装备部队，1965 年 5 月首次出现在红场阅兵行列中。

T-62 坦克的主要武器是 1 门 2A20 式 115 毫米滑膛坦克炮，弹药基数为 40 发，正常配比为榴弹 17 发、脱壳穿甲弹 13 发、破甲弹 10 发。T-62 坦克的辅助武器是 1 挺 TM-485 式 7.62 毫米并列机枪，供弹方式为 250 发弹箱，射速为 200～250 发/分。后期生产的 T-62 坦克安装了 1 挺 12.7 毫米高射机枪，安装在装填手舱外，由装填手在舱外操作。另外，车内还备有 1 支 AK-47 式突击步枪、1 支信号枪和数枚手榴弹。该坦克配有集体式防原子装置，但没有集体式防化学装置。与其他苏式坦克一样，T-62 坦克也装有热烟幕施放装置，能产生 250～400 米长的烟幕，可持续大约 4 分钟。

■ T-62 主战坦克在野外作战

· 停放在雪地上的 T-62 主战坦克 ·

俄罗斯 T-64 主战坦克

  T-64 坦克是苏联在 20 世纪 60 年代研发的主战坦克,总产量约 1.3 万辆。尽管 T-64 坦克不像 T-72 坦克那样被多个国家装备和发展,但却是苏联日后坦克的现代化基础。

  T-64 坦克最为突出的技术革新就是装备 1 门使用分体炮弹和自动供弹的 115 毫米 2A21 式滑膛炮(后升级为 125 毫米 2A26 式),让坦克不再需要专职装填手(副炮手),使乘员从 4 名减少到 3 名,有利于减少坦克体积和重量。125 毫米 2A26 式火炮可发射尾翼稳定脱壳穿甲弹、尾翼稳定榴弹和空心装药破甲弹,还可以发射 9M112 型炮射导弹。附加装甲是 T-64 坦克提高装甲防护力的重要措施,如在车体前下甲板装有推土铲,乘员舱内壁装有含铅防中子辐射的衬层,车体侧面装有张开式侧裙板。T-64 坦克使用的是水冷式涡轮增压柴油机,输出功率为 551 千瓦。

- T-64主战坦克侧面视角 •   • T-64主战坦克正面视角 •

俄罗斯 T-72 主战坦克

• T-72 主战坦克正面视角 •

T-72 坦克是苏联在 T-64 坦克的基础上研制而成的主战坦克，是一种产量极大、使用国家众多的主战坦克，总产量超过 2.5 万辆。

T-72 坦克的主要武器是 1 门 125 毫米 2A46 式滑膛炮，可发射包括尾翼稳定脱壳穿甲弹、破甲弹以及反坦克导弹在内的多种弹药。该坦克的辅助武器为 1 挺 7.62 毫米口径同轴机枪和 1 挺 12.7 毫米防空机枪，在坦克炮塔两边还装有多联装烟幕弹发射器。T-72 坦克的火控系统较差，在远距离上的命中精度不太理想，特别是发射反坦克导弹时，需要停车状态才能进行导引。T-72 坦克的重点部位采用了复合装甲，最厚处达 200 毫米，装甲板的中间为类似玻璃纤维的材料，外面为均质钢板。该坦克还使用了反应装甲，但是反应装甲的外层容易被小口径武器贯穿从而引爆。

• T-72 主战坦克侧前方视角 •

· T–72 主战坦克正在训练 ·   · T–72 主战坦克主炮开火 ·

俄罗斯 T-80 主战坦克

■ 高速行驶的 T-80 主战坦克

• 博物馆中的 T-80 主战坦克 •

• T-80U 主战坦克 •

　　T-80 坦克是苏联在 T-64 坦克基础上研制的主战坦克，它是世界上第一款量产的全燃气涡轮动力主战坦克，外号"飞行坦克"。由于 T-80 的研发生产单位分布在俄罗斯和乌克兰，因此苏联解体后两国独立继续发展 T-80 系列，并衍生出 T-80U（俄罗斯）、T-84（乌克兰）等新型号。

　　T-80 坦克的主要武器是 1 门与 T-72 坦克相同的 125 毫米 2A46 式滑膛炮，既可以发射普通炮弹，也可以发射反坦克导弹，炮管上装有热护套和抽气装置。主炮右边安装有 1 挺 7.62 毫米并列机枪，在车长指挥塔上安装有 1 挺 HCBT 式 12.7 毫米高射机枪。该坦克的火控系统比 T-64 坦克有所改进，主要是安装有激光测距仪和弹道计算机等先进的火控部件。与 T-64 坦克不同，T-80 坦克装配 1 台新型燃气轮机，是苏联采用燃气轮机的第一种主战坦克，标定功率为 724 千瓦。T-80U 采用了功率更大的 GDT-1250 燃气轮发动机，加速性能良好，速度从 0 加速至 40 千米/时只需 9 秒。

俄罗斯 T-90 主战坦克

T-90 坦克是俄罗斯于 20 世纪 90 年代研制的主战坦克，1995 年开始服役，有 T-90A、T-90E、T-90S 和 T-90SK 等多种衍生型号。T-90 坦克主要装备俄罗斯军队和印度军队，阿尔及利亚、沙特阿拉伯、塞浦路斯和土库曼斯坦等国也有采用。

T-90 主战坦克采用 1 门 125 毫米口径滑膛炮，型号为 2A46M，并配有自动装填机。该炮可以发射多种弹药，包括尾翼稳定脱壳穿甲弹、破甲弹和杀伤榴弹，为了弥补火控系统与西方国家的差距，该坦克还可发射 AT-11 反坦克导弹。AT-11 导弹在 5000 米距离上的穿甲厚度可达 850 毫米，而且能攻击直升机等低空目标。T-90 坦克的辅助武器为 1 挺 7.62 毫米并列机枪和 1 挺 12.7 毫米高射机枪，其中 7.62 毫米并列机枪一次可装弹 250 发，备弹 7000 发，12.7 毫米高射机枪备弹 300 发。T-90 坦克的装甲防护包括复合装甲、爆炸反应装甲和传统钢装甲三种。爆炸反应装甲安装于炮塔上，包括炮塔顶部，以抵御攻顶导弹。炮塔前端还加装了两层复合装甲特别加强保护，这种复合装甲通常采用特殊塑料和陶瓷制成。

■ T-90 主战坦克参加军事演习

■ T-90主战坦克主炮开火　　　　　　　　■ T-90主战坦克高速行驶

■ T-90主战坦克在铺装路面行驶　　　　　■ 训练中的T-90主战坦克

德国"豹1"主战坦克

"豹1"（Leopard 1）坦克是联邦德国于20世纪60年代研制的主战坦克，也是德国在二战后研制的首款坦克。

"豹1"坦克的主炮为1门英国105毫米L7线膛炮，炮塔是带有弧度曲面组成的铸造件，两侧各有一个突出的光学测距仪，后方有个杂物篮，坦克顶有一挺由装填手操作的MG3防空机枪，而其同轴机枪也是MG3机枪。"豹1"坦克的射击控制由炮手全权负责，车长则专心搜索目标。车长除了有360度观测窗之外还有和炮手一样的操作设备，必要时也可以操作主炮进行瞄准开火。"豹1"坦克的车轮为七对，并以扭力杆式悬挂系统承载，其中除了第四对和第五对车轮之外其余都有油压减震器，数目较多的车轮可以减少车高和接地压力。"豹1"坦克可以涉水深为2.25米，若加上通气管更可涉水深达4米。总的来说，"豹1"坦克在机动力、火力和防护力三方面都有均衡而良好的表现。

·博物馆中的"豹1"主战坦克·

·"豹1"主战坦克在乡间行驶·

·"豹1"主战坦克在山区行驶·

德国"豹2"主战坦克

"豹2"（Leopard 2）坦克是联邦德国于20世纪70年代研制的主战坦克，被公认为当时性能最优秀的主战坦克之一，在西方主战坦克中拥有极为突出的外销成绩。

"豹2"坦克使用1门莱茵金属公司的120毫米滑膛炮，炮管内膛表面进行了镀铬硬化处理，具有较强的抗疲劳性和抗磨损性，发射标准动能弹的寿命为650发。"豹2"坦克的火控系统由光学、机械、液压和电子件组成，采用稳像式瞄准镜，具有很高的行进间对运动目标射击命中率。此外，该坦克还装配激光测距仪、热成像仪以及多种其他电子设备。该坦克的辅助武器为1挺7.62毫米并列机枪和1挺7.62毫米高射机枪，两挺机枪共备弹4754发。在"豹2"坦克的炮塔侧后部还安装有八联装烟幕发射器，两侧各一组。该坦克的车体和炮塔采用的是间隙复合装甲，车体前端为尖角形，并对侧裙板进行了增强。炮塔外轮廓低矮，具有较强的防弹性。

• "豹2"主战坦克正在旋转炮塔•

• "豹2"主战坦克编队训练•

• "豹2"主战坦克侧面视角•

· 经过简单伪装的"豹2"主战坦克 ·   · "豹2"主战坦克正面视角 ·

英国"百夫长"主战坦克

■ 博物馆中的"百夫长"主战坦克

"百夫长"（Centurion）坦克是英国在二战末期研制的主战坦克，但未能参与实战，二战结束后，"百夫长"坦克持续生产并在英国陆军服役。

"百夫长"MK 1 型和 MK 2 型安装有 1 门 77 毫米火炮，MK 3 型和 MK 4 型改为 1 门带抽气装置的 83.4 毫米火炮，携弹量 65 发，可发射初速度为 914 米 / 秒的榴霰弹、初速度为 1432 米 / 秒的曳光脱壳穿甲弹和初速度为 601 米 / 秒的榴弹。从 MK 5 型开始换装了 L-7 105 毫米线膛炮，此后英国陆军的主战坦克均采用线膛炮。"百夫长"坦克的装甲也先后加厚两次，MK 5 型之前的装甲厚 76 毫米，到 MK 13 型时已经增加到 150 毫米。"百夫长"坦克的缺陷主要与机动性有关，其车体较重，而发动机功率不足且燃油储备较少，导致最高速度仅有 35 千米 / 时，最大行程也只有 450 千米。

· 南非陆军的"百夫长"主战坦克 ·

· "百夫长"主战坦克侧面视角 ·

英国"酋长"主战坦克

"酋长"（Chieftain）坦克是英国于20世纪50年代末研制的主战坦克，曾被英国、伊朗、伊拉克和约旦等国使用，目前仍有一部分在服役。

"酋长"坦克的主要武器是1门L11A5式120毫米线膛坦克炮，这也是英国主战坦克的特色（其他国家通常都采用法国地面武器系统公司或德国莱茵金属公司的滑膛炮）。该炮采用垂直滑动炮闩，炮管上安装有抽气装置和热护套，炮口上安装有校正装置。火炮借助炮耳轴弹性地装在炮塔耳轴孔内，这种安装方式可减小由于射击时产生撞击而使坦克损坏的可能性。该炮射速较快，第一分钟可发射8～10发弹药，以后射速为6发/分。"酋长"坦克的车体装甲厚度为80～90毫米，炮塔正面装甲厚度则为150毫米。炮塔正面有大角度的倾斜造型，避弹能力颇佳，此外整体车高也比较低矮，生存性优于美国M60坦克。

• "酋长"主战坦克侧前方视角 •

• "酋长"主战坦克高速行驶 •

• "酋长"主战坦克正面视角 •

■ "酋长"主战坦克侧面视角

英国维克斯 MK7 主战坦克

■ 维克斯 MK7 主战坦克侧前方视角

维克斯 MK7（Vickers MK7）坦克是英国阿尔维斯·维克斯公司与德国"豹2"主战坦克主承包商克劳斯·玛菲公司合作研制的一种出口型主战坦克，1986年在英国陆军装备展览会上首次公开展出。

维克斯 MK7 坦克的主要武器是英国皇家兵工厂研制的1门 L11 式 120 毫米线膛坦克炮，也可以换装法国地面武器工业集团的 120 毫米滑膛炮或德国莱茵金属公司的 120 毫米滑膛炮。安装 L11 式 120 毫米线膛炮时弹药基数为 38 发，安装莱茵金属公司 120 毫米滑膛炮时弹药基数为 44 发。辅助武器包括并列安装在火炮左侧的1挺 7.62 毫米机枪和安装在车长指挥塔转动环上的1挺 12.7 毫米机枪，前者由弹匣供弹，弹匣由装填手补弹，后者可高平两用。维克斯 MK7 坦克采用"乔巴姆"复合装甲，对尾翼稳定脱壳穿甲弹和破甲弹均有较好的防护效果。装甲表面涂有防红外涂层，使该坦克具有较好的被动防护性能。

　　维克斯MK7坦克的动力传动组件包括发动机、传动装置和冷却系统，这些部件构成一个整体。该坦克配备德国MTU公司的1台MB 873 Ka-501柴油发动机，标定功率1103千瓦。传动装置采用德国"豹2"主战坦克使用的伦克公司HSWL 354/3型传动装置，由可闭锁的液力变矩器、行星式自动变速机构和液力-液压转向装置组成，有4个前进挡和2个倒挡。冷却装置安装在传动装置上方，有2个环形散热器和2个安装其内的经流式风扇。

英国"挑战者1"主战坦克

"挑战者1"（Challenger 1）坦克是英国皇家兵工厂研制的第三代主战坦克，1983年开始装备部队，主要用于地面进攻和机动作战。

"挑战者1"坦克的1门主炮沿用"酋长"坦克的L11A5式120毫米线膛炮，弹种和备弹量（64发）也相同。该炮可以发射L15A4脱壳穿甲弹、L20A1脱壳弹、L31碎甲弹、L34白磷发烟弹和L23A1尾翼稳定脱壳穿甲弹等。辅助武器为1挺与主要武器并列安装的7.62毫米L8A2式机枪和1挺安装在车长指挥塔上的7.62毫米L37A2式高射机枪。在炮塔正面两侧各安装1组由5具发射器组成的电击发烟幕弹发射装置。

"挑战者1"坦克的车体和炮塔采用结构新颖的"乔巴姆"装甲，由两层钢板之间夹数层陶瓷材料组成，对破甲弹的防护力为均质钢甲的三倍。所有发射弹药都储存在车体底部的防火箱中，加上其他各种防护措施，使坦克具有相当高的战场生存能力。

• "挑战者1"主战坦克侧面视角 •

• "挑战者1"主战坦克正面视角 •

■ "挑战者1"主战坦克正在训练

英国"挑战者2"主战坦克

"挑战者2"（Challenger 2）主战坦克由英国阿尔维斯·维克斯公司研制，由"挑战者1"坦克衍生而来。目前，"挑战者2"坦克是英国陆军和阿曼皇家陆军的现役主战坦克。

"挑战者2"主战坦克的主炮采用的是BAE系统公司皇家军械分部制造的1门L30A1型120毫米线膛炮，该炮也曾装备在"挑战者1"坦克和"酋长"坦克上。该炮可发射尾翼稳定脱壳穿甲弹和高爆破甲弹等多种弹药，坦克车内备弹50发。该坦克的辅助武器为1挺7.62毫米并列机枪和1挺7.62毫米防空机枪。"挑战者2"主战坦克的炮塔采用了第二代"乔巴姆"复合装甲，并安装有三防系统。在炮塔两侧各配有一组五联装L8烟幕弹发射器，而且该坦克的发动机也可制造烟雾。

• "挑战者2"主战坦克的主炮特写 •

■ "挑战者2"主战坦克旋转炮塔 　　■ "挑战者2"主战坦克后方视角 　　■ "挑战者2"主战坦克主炮开火

■ "挑战者2"主战坦克正面视角

CHAPTER 02　主战坦克

法国 AMX-30 主战坦克

■ AMX-30 主战坦克前方视角

　　AMX-30 坦克是法国于 20 世纪 60 年代研制的一款主战坦克，除了法国陆军自己采用了 1200 余辆外，还外销给近 10 个国家。

　　AMX-30 坦克的主要武器是 1 门 CN-105-F1 式 105 毫米火炮，身管长是口径的 56 倍，既无炮口制退器，也无抽气装置，但安装有镁合金隔热护套，能防止炮管因外界温度变化引起的弯曲。该炮既可发射法国炮弹，也可以发射北约制式 105 毫米弹药，最大射速为 8 发/分。该坦克的辅助武器包括 1 门装在火炮左侧的 F2 式 20 毫米并列机关炮（备弹 1050 发）和 1 挺装在车长指挥塔右边的 F1C1 型 7.62 毫米高射机枪（备弹 2050 发）。AMX-30 坦克的车身和炮塔是铸造的，由斜面和曲面组成。二战后的法国坦克设计以机动性优先，但 AMX-30 坦克的装甲却比"豹 1"坦克还厚。

·训练中的AMX-30主战坦克·

·AMX-30主战坦克侧面视角·

法国 AMX-40 主战坦克

■ AMX-40 主战坦克正面视角

AMX-40 坦克是 20 世纪 80 年代由法国地面武器工业集团设计生产的一款主战坦克，它集中了法国当时最先进的技术成果，因此不仅保持了前代坦克机动性较高的优点，而且在装甲防护和火力方面也取得了较大进步。

AMX-40 主战坦克的主要武器是 1 门地面武器工业集团研制的 120 式 120 毫米滑膛炮，炮管上不装抽气装置，但安装了热护套。120 毫米滑膛炮的左侧装有 1 门 F2 式 20 毫米并列机关炮，能击穿 1000 米距离上的轻型装甲目标，它也是 AMX-40 坦克的防空武器。车长指挥塔右边装有 1 挺 7.62 毫米机枪和 1 只白光探照灯。该机枪由车长在车内操作，用于对付地面敌方有生力量，也可用于防空。AMX-40 主战坦克是法国最早采用复合装甲的坦克，通过外形和装甲倾角的合理设计，使坦克的防护性能达到最佳程度。

■ AMX-40 主战坦克 3D 模型图

■ 博物馆中的 AMX-40 主战坦克

法国 AMX-56 "勒克莱尔"

AMX-56"勒克莱尔"（Leclerc）坦克是20世纪80年代由法国地面武器工业集团研制的主战坦克，用于取代AMX-30主战坦克。该坦克主要服役于法国和阿拉伯联合酋长国。

AMX-56主战坦克使用法国地面武器工业集团制造的1门CN120-26-120毫米滑膛炮，并且能够与美国M1"艾布拉姆斯"主战坦克和德国"豹2"主战坦克通用弹药。AMX-56主战坦克的火控系统比较先进，使其具备在50千米/时的行驶速度下命中4000米外目标的能力。该坦克的辅助武器为1挺7.62毫米防空机枪和1挺12.7毫米并列机枪。AMX-56主战坦克的炮塔和外壳采用焊接钢板外挂复合装甲式设计，可以轻松升级或更换装甲块，据称其可正面抵抗"霍特2"反坦克导弹的攻击。

· 高速行驶的 AMX-56 主战坦克 ·

· AMX-56 主战坦克在山区行驶 ·

· AMX-56 主战坦克越过障碍 ·

主战坦克

■ AMX-56 主战坦克在城区行驶

意大利 C1 "公羊" 主战坦克

■ "公羊"主战坦克侧前方视角

C1"公羊"（C1 Ariete）主战坦克是意大利于20世纪80年代研制的主战坦克，并于1995年开始服役至今。

"公羊"坦克的主要武器是1门奥托·梅莱拉公司生产的120毫米滑膛炮，是德国RH120坦克炮的仿制型，弹药也可与RH120通用。"公羊"坦克可携带42发炮弹，其中15发储存于炮塔尾舱，27发储存于车体内。该坦克主要使用钨合金穿甲弹，还可携带多用途弹。"公羊"坦克的辅助武器包括1挺与主要武器并列安装的7.62毫米机枪和1挺安装在车长指挥塔盖上的7.62毫米高射机枪，高射机枪可由车长在车内遥控射击。"公羊"坦克的车体和炮塔均采用焊接结构，车体前方和炮塔正面采用复合装甲，其他部位则为均钢质装甲。该坦克的第一、二负重轮位置处的装甲裙板也采用了复合装甲，可以有效防御来自侧面的攻击，保护坦克的驾驶员。

• "公羊"主战坦克编队作战 •

• "公羊"主战坦克侧后方视角 •

• "公羊"主战坦克的主炮正在开火 •

以色列"梅卡瓦"主战坦克

■ "梅卡瓦"主战坦克前方视角

■ "梅卡瓦"MK Ⅲ 主战坦克

"梅卡瓦"(Merkava)坦克是以色列于20世纪70年代研制的主战坦克,1979年开始服役至今,并发展出了四代。

第一代"梅卡瓦"坦克使用的主炮为1门105毫米线膛炮,但从第三代开始换装了火力更强的120毫米滑膛炮。"梅卡瓦"坦克的辅助武器相比其他主流主战坦克多了1门60毫米迫击炮,该迫击炮可收进车体,且能够遥控发射,主要用于攻击隐藏在建筑物后面的敌方人员。此外,该坦克还装备2挺7.62毫米机枪和1挺12.7毫米机枪。"梅卡瓦"坦克非常注重防护性能,其中防护部分的重量占到整车重量的75%,相较其他坦克的50%要高出不少。该坦克的炮塔扁平,四周采用了复合装甲,这种炮塔外形可有效减少正面和侧面的暴露面积,降低被敌命中的概率。"梅卡瓦"坦克的车体四周也挂有模块化复合装甲,并在驾驶舱内壁敷设了一层轻型装甲,以保障驾驶员的安全。

■ "梅卡瓦"主战坦克后方视角

瑞典 S 型主战坦克

•S型主战坦克紧急制动•

•S型主战坦克正在训练•

•S型主战坦克在草地上行驶•

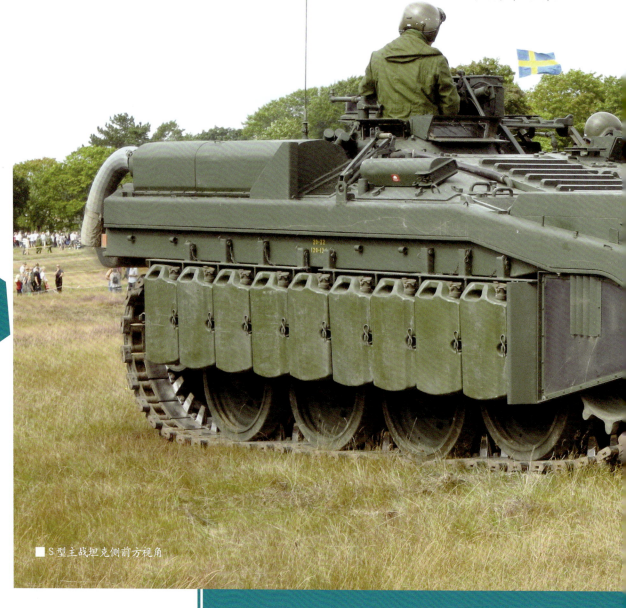
■S型主战坦克侧前方视角

S 型坦克是瑞典研制一款的主战坦克，全称为 103 型坦克（瑞典语：Stridsvagn 103，简称 Strv 103），20 世纪 60 年代开始进入瑞典陆军服役并持续到 20 世纪 90 年代。

S 型坦克的主要武器是 1 门博福斯公司的 105 毫米 L74 式加农炮，火炮与坦克车体刚性固定，炮管不会发生颤动。炮管中央装有圆筒形抽气装置，无炮口制退器，炮管尾部有 2 个带中央曲柄的立楔式炮闩。L74 式加农炮可以发射穿甲弹、榴弹和烟幕弹，根据需要也可发射碎甲弹。由于采用了液压操纵自动装弹机，省去了一名装填手，且可增加火炮射速。S 型坦克的辅助武器是 3 挺比利时 KSP58 式 7.62 毫米多用途机枪，其中 2 挺并列机枪固定安装在车体左侧平台上，与主炮交替使用，并可遥控，另 1 挺高射机枪装在车长指挥塔左侧，由车长操纵，也能在车内瞄准射击。另外，在车长门两侧安装有 2 组 80 毫米烟幕弹发射器，每组有 4 具。

瑞士 Pz61 主战坦克

Pz61 主战坦克是瑞士于 20 世纪 60 年代自行研制的第一代坦克，由瑞士联邦制造厂生产。

Pz61 坦克的炮塔是一个铸造的近似半圆球体，内里右侧是车长和炮手，左侧是装填手，车长的瞭望塔有 8 个观测窗，但由于高度比装填手的瞭望塔略低，故而视野也略为受阻，炮塔正面的主炮是英制 L7 线膛炮，而炮弹由以色列军事工业公司供应，火控系统由法国地面武器工业集团供应。Pz61 坦克的同轴机枪是 7.5 毫米 MG51 机枪，在车顶的防空机枪也是 MG51 机枪。Pz61 坦克采用德国 MB837 型 V8 水冷柴油机，还有一台 CM636 柴油机为辅助动力。发动机通过瑞士自己生产的带液力变距器的全自动变速箱传达动力。该坦克采用方向盘控制，非常轻便。此外，还采用了少见的碟盘弹簧独立悬挂方式，这种悬挂系统虽然不占用车内空间、便于维护，但行程比较短。

• Pz61 主战坦克后方视角 •

■ Pz61主战坦克在平地上行驶

■ Pz61主战坦克右前方视角

CHAPTER 02　主战坦克　55

西班牙"豹 2E"主战坦克

■ "豹 2E"主战坦克侧前方视角

"豹 2E"（Leopardo 2E）坦克是德国"豹 2"主战坦克的一种衍生型，"E"代表西班牙语中的西班牙。该坦克为西班牙陆军的现役主战坦克，预计将服役到 2025 年。

"豹 2E"坦克在车体斜侧、炮塔正面和炮塔顶部增设了大量装甲，使其全车重达 63 吨。该车在生产过程中就将装甲加以装配，而非德国"豹 2A5"坦克和"豹 2A6"坦克生产后再附加。因此，"豹 2E"坦克是现役的"豹 2"系列坦克中防护力最好的一种。"豹 2E"坦克装备了莱茵金属公司的 120 毫米 L55 坦克炮，还能换装 140 毫米主炮。辅助武器为 2 挺 7.62 毫米 MG3 通用机枪。该坦克的动力装置为 1 台 MTU MB 873 Ka-501 柴油发动机，最大速度可达 72 千米/时。

■ "豹 2E"主战坦克左侧视角

■ "豹 2E"主战坦克在山区训练

日本 90 式主战坦克

90 式坦克（Type 90 Tank）是二战后日本继 61 式坦克和 74 式坦克后研制的一款第三代坦克，于 1990 年进入日本陆上自卫队服役，是日本陆上自卫队现役的主战坦克之一。

90 式坦克的主炮为德国莱茵金属公司授权生产的 1 门 120 毫米滑膛炮，该炮炮管长度为口径的 44 倍，装有炮口校正装置、抽气装置和热护套，射速为 10～11 发/分。此外，该坦克还配有日本自制的自动装弹机，省去了装填手。该坦克使用的弹药主要为尾翼稳定脱壳穿甲弹和多用途破甲弹两种，其中尾翼稳定脱壳穿甲弹的初速达到 1650 米/秒，破甲弹为 1200 米/秒，备弹 40 发。90 式坦克的辅助武器为 1 挺 74 式 7.62 毫米并列机枪和 1 挺 12.7 毫米防空机枪，高射机枪为 M2HB 型。该坦克的火控系统比较先进，由激光测距仪、热成像仪、车长观测装置、炮长观测装置和火控电脑等部件组成，具备较高的行进间射击精度。

■ 90 式主战坦克前方视角

• 高速行驶的 90 式主战坦克 •

• 90 式主战坦克紧急制动 •

日本 10 式主战坦克

  10 式坦克是日本最新研制的一款主战坦克，由三菱重工负责生产，2012 年 1 月开始正式服役于陆上自卫队。

  10 式坦克的主炮为 1 门 90 式坦克所装备的 120 毫米滑膛炮升级版，日后可能会换装威力更强大的 120 毫米 55 倍口径主炮。该坦克炮塔尾舱内设有 1 台水平式自动装弹机。辅助武器为 1 挺勃朗宁 M2 重机枪（车顶）和 1 挺 74 式车载机枪（同轴）。10 式坦克的正面为内装式复合装甲，由于使用了碳素纤维和陶瓷等材料复合成的装甲，其装甲重量大大下降，基本重量为 40 吨，战斗全重为 44 吨，增加装甲最大限度为 48 吨。炮塔两边的模块式装甲是用螺栓固定的，安装和拆卸都很容易。这种模块式装甲应该是和德国"豹 2"坦克类似的间隙式装甲，除作为储物箱外，还有可能在必要时在中间增加装甲板。

•10式主战坦克正在训练•

•10式主战坦克侧前方视角•

CHAPTER 02 主战坦克

韩国 K1 主战坦克

K1 主战坦克由美国通用公司和韩国现代公司联合研制，是韩国陆军目前的主要装备之一。

K1 坦克使用 1 门 105 毫米主炮，外形酷似美军 M1 主战坦克。但 2001 年发布的改进型 K1A1 则使用了 1 门德国莱茵金属公司的 120 毫米滑膛炮，而且升级了火控系统。该坦克的辅助武器为包括 2 挺 7.62 毫米同轴机枪和 1 挺 12.7 毫米防空机枪，并在炮塔前部的两侧各装有 1 组六联装烟幕弹发射器。K1 坦克采用复合装甲，具备一定的动能弹和化学弹防护能力。其外形尺寸也尽量紧凑，以降低中弹率。K1 坦克使用 1 台德国 MTU 公司的柴油发动机，输出功率为 883 千瓦，采用吊杆与气动混合式悬挂，最大行驶速度为 65 千米/时，最大行程 500 千米。

• K1主战坦克从登陆舰艇驶出 •

▇ K1主战坦克侧前方视角

CHAPTER 02 主战坦克 63

韩国 K2 主战坦克

K2 主战坦克是韩国新一代的主战坦克，从 1995 年开始研发，于 2011 年开始量产。该坦克延续了 K1 主战坦克的设计，驾驶舱位于车体的左前方，车体是战斗舱，车体后部是动力舱。K2 主战坦克的炮塔正面和两侧装甲接近垂直，炮塔后面多了一个尾舱，里面安装有自动装弹机。

K2 主战坦克配备的武器包括 1 门引进的德国 120 毫米 L55 滑膛炮，具有自动装填弹药和每分钟可以发射多达 15 发炮弹的能力。该炮可以在移动中发射，即使在地势崎岖的地方也不受影响。韩国同时从德国引进了一批 DM53 穿甲弹，使用 DM53 穿甲弹时在 2000 米距离上可以轻易穿透 780 毫米厚度北约标准钢板。由于德国对 DM53 穿甲弹输出韩国有数量限制，韩国还自己开发了一种钨合

■ 测试中的 K2 主战坦克试验型

金穿甲弹,可在 2000 米距离击穿 600 毫米厚度北约标准钢板。装甲方面,K2 主战坦克使用了一种机密复合装甲,并可外加爆炸反应装甲块。此外,还加装了铝箔条散布器防御系统。

• K2 主战坦克正面视角 •

• K2 主战坦克主炮开火 •

• K2 主战坦克后方视角 •

印度"阿琼"主战坦克

• "阿琼"主战坦克正前方视角 •

• "阿琼"主战坦克进行机动能力测试 •

• 高速行驶的"阿琼"主战坦克 •

"阿琼"（Arjun）主战坦克是印度于1974年开始历经30年研制的一款第三代坦克，其名称来源于印度史诗摩诃婆罗多中人物阿周那（Arjuna）。

"阿琼"坦克的主炮为1门120毫米口径线膛炮，该炮可以发射印度自行研制的尾翼稳定脱壳穿甲弹、破甲弹、发烟弹和榴弹等弹种，改进型还可以发射以色列制的炮射导弹。火控系统为巴拉特电子有限公司研制，由热成像瞄准镜、弹道计算机、激光测距仪以及多种传感器组成。"阿琼"坦克的辅助武器为1挺7.62毫米并列机枪和1挺12.7毫米高射机枪，另外炮塔两侧还各配有1组烟幕弹发射装置。"阿琼"坦克主要着重于硬防护，采用了印度自制的"坎昌"式复合装甲，据称该装甲性能与英国的"乔巴姆"复合装甲相近，并可外挂反应装甲。此外，该坦克还安装有三防装置。

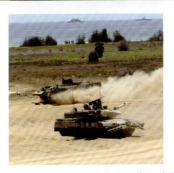
• "阿琼"主战坦克参加联合登陆作战训练 •

• "阿琼"主战坦克旋转炮塔 •

CHAPTER 03
轻型坦克

轻型坦克外形小、重量轻、速度快、通行性高,在历次大战中曾充分发挥自己快速机动的长处,起到了重要作用。二战后,除一些发展中国家仍作为主要装备使用外,在大量装备使用主战坦克的国家里,轻型坦克通常被用作特种坦克。

美国 M2 轻型坦克

M2 轻型坦克是美国岩岛兵工厂于 20 世纪 30 年代研制的一款轻型坦克，美国陆军曾在太平洋战争初期少量使用。虽然只有少数 M2 轻型坦克参加战斗，但却是二战期间美国轻型坦克发展过程中的重要一步。

M2 轻型坦克主要有 M2A1（1935 年，10 辆）、M2A2（1935 年，239 辆）、M2A3（1938 年，72 辆）和 M2A4（1940 年，375 辆）4 种型号。M2A1 仅有 1 个装备 12.7 毫米机枪的单人炮塔，M2A2 装有 2 个各自安装 1 挺 7.62 毫米机枪的双人炮塔，M2A3 主要加厚了装甲并提高了底盘，M2A4 改换装有 37 毫米炮的单人炮塔。该坦克通常有 4 名乘员，即指挥官、炮手、驾驶员和副驾驶员。

■M2 轻型坦克参加军事演习

■工厂中的 M2 轻型坦克

美国 M3 "斯图亚特" 轻型

■ M3 "斯图亚特" 轻型坦克侧前方视角

坦克

M3"斯图亚特"（Stuart）轻型坦克是美国在二战中制造数量最多的轻型坦克，欧洲战场上的英军以美国南北战争名将斯图亚特为其命名。该坦克曾通过《租借法案》提供给英国、苏联、法国和葡萄牙等国使用，其中有部分甚至持续使用至1996年。

M3轻型坦克车体前部和两侧装甲板为倾斜布置，车内由前至后分别为驾驶舱、战斗舱和动力舱。该坦克装备1门37毫米M5主炮，以及3挺7.62毫米M1919A4机枪（1挺与主炮同轴，1挺在炮塔顶端，另1挺在副驾驶座前方）。M3轻型坦克的同质焊接式炮台安装有动力旋转装置，并配有1个陀螺稳定器，可使37毫米主炮在行进中精准射击。总体来说，M3轻型坦克行驶速度高，越野能力强，但其车体较窄，限制了其主要武器的口径，且车体较高，流线性差，整车目标较大。

• 博物馆中的M3"斯图亚特"轻型坦克 •

• M3"斯图亚特"轻型坦克侧面视角 •

美国 M22"蝗虫"轻型坦克

M22"蝗虫"(Locust)轻型坦克是美国在二战时期研制的空降坦克,英国陆军曾根据《租借法案》接收该坦克,并将其命名为"蝗虫"。

M22 坦克的主要武器是 1 门 37 毫米坦克炮,主要弹种为钨合金穿甲弹,弹药基数 50 发。辅助武器为 1 挺 7.62 毫米并列机枪,携弹 2500 发。另有 3 支乘员自卫用 11.43 毫米冲锋枪,携弹 450 发。为了保证整车重量不超过 7.5 吨,M22 坦克的装甲厚度被大幅削减,导致防护力不强。M22 坦克采用铸造均质钢装甲炮塔,四周的装甲厚度为 25 毫米。车体为轧制钢装甲焊接结构,正面装甲最厚处为 25 毫米,其余部位为 10~13 毫米。M22 坦克的动力装置为 1 台六缸风冷汽油机,最大功率为 123 千瓦。总的来看,M22 坦克的机动性不错,但火力明显不足,防护力也较差,加上空运麻烦,很难起到突袭作用。

■ 博物馆中的M22"蝗虫"轻型坦克

■ M22"蝗虫"轻型坦克侧面视角

美国 M24"霞飞"轻型坦克

■ M24"霞飞"轻型坦克侧前方视角

M24"霞飞"（Chaffee）轻型坦克是美国在二战时期研制的，以"美国装甲兵之父"阿德纳·霞飞将军的名字命名。该坦克主要用于取代M3"斯图亚特"轻型坦克，除美国陆军使用外，还提供给了英国陆军。

　　M24坦克的主炮为1门75毫米M6火炮，具备击毁德国四号坦克的能力。此外，该坦克还配有2挺7.62毫米机枪和1挺12.7毫米机枪作为辅助武器。作为轻型坦克，M24坦克的装甲较为薄弱，车身装甲厚度为13～25毫米，炮塔装甲厚度为13～38毫米。德国坦克和反坦克武器可以较轻松地将其摧毁，甚至单兵反坦克武器也可将其击穿。动力装置方面，M24坦克采用两台凯迪拉克44T24水冷汽油发动机（输出功率为164千瓦），搭配液力机械式传动装置和独立扭杆式悬挂装置，最大行驶速度56千米/时。

• M24"霞飞"轻型坦克侧面视角 •

• 博物馆中的M24"霞飞"轻型坦克 •

CHAPTER 03　轻型坦克　77

美国 M41 "华克猛犬" 轻型

•博物馆中的 M41 "华克猛犬" 坦克•

坦克

M41"华克猛犬"(Walker Bulldog)坦克是美国于 20 世纪 50 年代研制的一款轻型坦克,得名于美国陆军名将沃尔顿·华克。除美国军队外,奥地利、比利时、巴西、日本、泰国和丹麦等国也曾使用 M41 坦克。

M41 坦克安装有 1 门 76 毫米 M32 火炮,可发射榴弹、破甲弹、穿甲弹、榴霰弹、黄磷发烟弹等多种弹药,弹药基数 57 发。火炮左侧配有 1 挺 7.62 毫米 M1919A4E1 并列机枪,炮塔顶的机枪架上还装有 1 挺 12.7 毫米 M2HB 高射机枪。M41 坦克的车体由钢板焊接而成,前上甲板倾角 60 度,厚 25.4 毫米,火炮防盾厚 38 毫米,炮塔正前面厚 25.4 毫米。车内没有安装三防装置。M41 坦克的制式设备包括加温器、涉深水装置、电动排水泵等,基础型车未装备夜视设备,但最后一批生产的车辆在火炮上方安装了红外探照灯。

• M41"华克猛犬"轻型坦克侧前方视角 •

• M41"华克猛犬"轻型坦克侧面视角 •

美国 M551"谢里登"轻型

M551"谢里登"（Sheridan）轻型坦克是美国于20世纪60年代研制的一款轻型坦克，主要装备空降部队，曾参加越战、海湾战争等。

M551轻型坦克的车身以铝合金作为主要结构，主要部位加装钢制装甲，车身前方是驾驶舱，车身中央是钢铸炮塔，为了增加防护力而被设计成贝壳形，凭借曲面弧度令来袭炮弹滑开。炮塔内可容纳3人，车长和炮手在炮塔内右侧，装填手在左侧。M551轻型坦克的主炮是1门152毫米M81型火炮，辅助武器是M73同轴机枪和车顶的M2重机枪。该坦克可以用C-130运输机空运和空投，在空投时会被固定在一个铝制底板上。

• M551轻型坦克右侧视角 •

• M551轻型坦克左侧视角 •

坦克

• M551 轻型坦克侧前方视角 •

CHAPTER 03　轻型坦克

俄罗斯 T-26 轻型坦克

T-26 轻型坦克是苏联红军坦克部队早期的主力装备,广泛使用于 20 世纪 30 年代的多次冲突及二战之中。该坦克被认为是 20 世纪 30 年代最为成功的坦克设计之一,产量远超同一时期其他国家生产的任何坦克,衍生型多达五十余种。

T-26 坦克和德国一号坦克都是以英国"维克斯"坦克为基础设计的,两者底盘外形相似,但 T-26 坦克的火力大大高于一号坦克和二号坦克,甚至超过了早期三号坦克的水平。早期 T-26 坦克的主炮为 1 门 37 毫米主炮,后期口径加大为 45 毫米。不过 T-26 坦克的装甲防护差,没有足够能力抵抗步兵的火力,以至于苏联巴甫洛夫大将得出"坦克不能单独行动,只能进行支援步兵作战"的"错误"结论。

■ 博物馆中的 T-26 轻型坦克

■T-26轻型坦克右前方视角

CHAPTER 03 轻型坦克 83

俄罗斯 T-60 轻型坦克

T-60轻型坦克是苏联在二战时期研制的一款轻型坦克,其基础设计工作仅耗时半个月。该坦克在1941年至1942年期间生产,总产量超过6000辆。

T-60坦克安装有1门20毫米TNSh-20型主炮,使用的炮弹包括破片燃烧弹、钨芯穿甲弹等,通常备弹750发。后期开始使用穿甲燃烧弹,可在500米距离上以60度角击穿35毫米的装甲,可以成功地对抗早期的德国坦克以及各种装甲车辆。T-60坦克还装备了1挺7.62毫米DT机枪,这种机枪和TNSh-20主炮都可以拆卸下来单独作战。T-60坦克具备较大的行程和不良地形上的良好机动性,负重轮和诱导轮可以互换。为了增加在沼泽和雪地的机动性,T-60坦克拥有专门设计的加宽履带。

• 二战中的T-60轻型坦克 •

俄罗斯 BT-7 轻型坦克

BT-7 轻型坦克是苏联 BT 系列快速坦克的最后一种型号，在 1935 年至 1940 年间大量生产。该坦克的设计经验成功运用到了著名的 T-34 中型坦克上，从后者身上明显可以看到 BT-7 坦克的影子。

BT-7 坦克的车体装甲使用焊接装甲，并加大了装甲板倾斜角度，以增强防护能力。该坦克采用新设计的炮塔，安装 1 门 45 毫米火炮和 2 挺 7.62 毫米机枪。BT-7 坦克的动力装置为 1 台 M17-TV-12 汽油发动机，功率 372 千瓦。这种发动机仿自德国宝马汽车公司发动机，可使 BT-7 坦克的道路速度达到 72 千米/时，越野速度达到 50 千米/时。BT-7 坦克主要供远程作战的独立装甲和机械化部队使用，但因其装甲防护薄弱，不适于与敌方坦克作战，所以在 1941 年的莫斯科会战后便逐渐被更出色的 T-34 坦克取代。

• BT-7 轻型坦克侧前方视角 •

• BT-7 轻型坦克侧面视角 •

德国一号轻型坦克

一号坦克（Panzerkampfwagen Ⅰ）是德国于20世纪30年代研制的一款轻型坦克，在第二次世界大战初期德军发动的"闪电战"中发挥了重要作用。到了1941年，一号坦克的底盘被用于建造突击炮和自行反坦克炮。

一号坦克A型的车身装甲极为薄弱，甚至有许多明显的开口和缝隙，发动机的功率也不大。两名乘员共用一间战斗舱，驾驶员从车旁的舱门进入，车长则由炮塔上方进入。在舱盖完全闭合的情况下，车内乘员的视野极差，因此车长大多数时候都要探出炮塔以求更佳的视野。炮塔需要手动转动，由车长负责操控炮塔上的两挺7.92毫米机枪。B型换装了迈巴赫NL38 TR发动机，车体加长，发动机盖改为纵置式。C型与A、B型在外形上完全不同，其短粗车体上装有平衡式交错重叠负重轮，并使用现代化的扭杆式悬挂，武器也变为1门20毫米EW141反坦克速射炮和1挺7.92毫米MG34机枪。

· 博物馆中的一号轻型坦克 ·

德国二号轻型坦克

■ 博物馆中的二号轻型坦克

二号坦克（Panzerkampfwagen Ⅱ）是德国于20世纪30年代研制的一款轻型坦克，曾在二战的波兰战役与法国战役中大量使用。到1942年年底，大多数二号坦克已经从一线部队撤装，生产线也于1943年终止，但车体继续被改良成其他种类装甲车辆。

二号坦克的车体和炮台由经过热处理的钢板焊接而成，前方装甲厚度约30毫米，后方和侧面装甲厚度为16毫米。二号坦克有三名乘员，驾驶员在车体内，车长和装填手在炮塔中，他们和驾驶员之间用通信管沟通，而且车内还配有FUG5型无线电。二号坦克的主要武器为1门20毫米机炮，辅助武器为1挺7.92毫米MG34机枪，全车带有180发20毫米机炮弹药和1425发7.92毫米机枪弹药。该坦克的发动机为迈巴赫57TL型6缸汽油机，油箱容量为200升，最大行程可达200千米。

■ 二号轻型坦克侧后方视角

英国维克斯 MK.E 轻型坦克

• 维克斯 M K.E 轻型坦克（B 构型）侧前方视角 •

维克斯 MK.E 轻型坦克是由英国维克斯公司于 20 世纪 20 年代研制的一款轻型坦克，又称为维克斯六吨坦克。该坦克虽然没有被英国陆军大量采用，但却被其他国家大量采用或授权生产，各型产量总计高达 12 000 辆以上。

MK.E 轻型坦克的车身采用当时技术成熟的铆焊制法，为了保持一定程度的机动性，装甲略显薄弱。车体装甲初期设计最厚为 13 毫米，但可接受客户需求增厚至 17 毫米。MK.E 轻型坦克在设计时即提供两种款式的武装供客户选择：A 构型为双炮塔，每个炮塔搭载 1 挺维克斯机枪。B 构型为单炮塔，炮塔为双人式，搭载 1 挺机枪及 1 门短管 47 毫米榴弹炮。B 构型在当时属于新设计，双人炮塔可以让车长专心观测，将火力装填的任务交给装填手，从而具备即时射击的能力。这种新设计受到肯定，并被后来大多数的新型坦克采用。

· 维克斯MK.E轻型坦克（A构型）·

· 博物馆中的维克斯MK.E轻型坦克（B构型）·

英国"瓦伦丁"轻型坦克

■ "瓦伦丁"轻型坦克3D模型图

"瓦伦丁"（Valentine）轻型坦克是英国在二战中生产的一款步兵坦克，产量较高。该坦克通过《租借法案》被大量提供给苏联军队，新西兰和埃及等国的军队也有装备。

由于构造简单，"瓦伦丁"坦克的生产相对容易，造价也比较便宜。MK Ⅰ～MK Ⅶ型的主要武器是1门40毫米火炮、MK Ⅷ～MK Ⅹ型是1门57毫米火炮，最后的MK Ⅺ型则是1门75毫米反坦克炮。各型的辅助武器都是1挺并列的贝沙7.92毫米气冷式机枪。"瓦伦丁"坦克的车身四周装甲厚度为60毫米，炮塔四周装甲厚度为65毫米。动力装置方面，"瓦伦丁"MK Ⅰ型使用AEC A189汽油发动机，MK Ⅱ型、MK Ⅲ型和MK Ⅵ型使用AEC A190汽油发动机，MK Ⅳ型、MK Ⅴ型和MK Ⅶ～MK Ⅺ型则使用GMC 6004发动机，这些发动机的功率都不是很大，优点是着火概率较小。

■ "瓦伦丁"轻型坦克侧前方视角

英国"蝎"式轻型坦克

"蝎"式（Scorpion）轻型坦克是英国于20世纪60年代研制的一款轻型坦克，1972年1月第一批生产型车交付英国陆军，1981年开始装备英国海军陆战队和皇家空军，并出口伊朗、尼日利亚和沙特阿拉伯等国。

"蝎"式轻型坦克的车体为铝合金全焊接结构，驾驶员位于车体前部左侧，动力舱在前部右侧，战斗舱在后部。驾驶员上方有1个单扇舱盖，配有1个广角潜望镜，夜间可换为"皮尔金顿"（Pilkington）被动式潜望镜。车长位于铝合金全焊接结构的炮塔左侧，炮长在右侧，各有1个单扇舱盖进出。"蝎"式轻型坦克安装有1门76毫米L23型火炮，主炮左侧有1挺7.62毫米并列机枪，炮塔两侧各有1个四管烟幕弹发射器。

■ "蝎"式轻型坦克侧前方视角

■ 在伊拉克作战的"蝎"式轻型坦克

■ "蝎"式轻型坦克侧面视角

CHAPTER 03 轻型坦克 97

法国雷诺 FT-17 轻型坦克

■迷彩涂装的雷诺 FT-17 轻型坦克

■ 博物馆中的雷诺FT-17轻型坦克　　■ 雷诺FT-17轻型坦克侧前方视角

雷诺FT-17轻型坦克是法国在一战时研制的一款轻型坦克，它是世界上第一款安装旋转炮塔的坦克，被著名历史学家史蒂芬·扎洛加称为"世界第一部现代坦克"。该坦克于1918年3月开始装备法军，美国、波兰、巴西、芬兰、日本、荷兰、西班牙、比利时和瑞士等国也曾购买过这种坦克。

为方便批量生产，FT-17坦克的车身装甲板大部分采用直角设计，便于快速接合。FT-17坦克首次采用发动机、战斗室、驾驶舱各以独立舱间安装的设计，这样的设计让发动机的废气与噪音被钢板隔开，改善了士兵作战环境。为了改善作战人员的视野与缩小火力死角，因此设计了可360度转动的炮塔。这些创新的实用设计日后成为各国坦克设计的核心概念。FT-17坦克有4种基本车型：第一种装备8毫米机枪。第二种装备37毫米短管火炮。第三种为通信指挥车（取消了炮塔）。第四种装备75毫米加农炮，未装备部队。

法国 FCM 36 轻型坦克

FCM 36 轻型坦克是法国在二战时期研制的一款轻型坦克，也是法国第一种投入量产的使用柴油发动机的坦克。由于造价昂贵，FCM 36 坦克仅仅生产了 100 辆，主要装备于法国陆军第 4 坦克营和第 7 坦克营。

FCM 36 坦克的外观比较现代，拥有六边形的炮塔和倾斜装甲。该坦克的火力较差，只有 1 门 37 毫米火炮和 1 挺 7.5 毫米同轴机枪。法国索玛公司曾试图在 FCM 36 坦克上安装更加强力的火炮，但是因为炮塔焊接技术问题，并没有成功。FCM 36 坦克是一种双人坦克，只有车长和驾驶员两名乘员。动力装置为 1 台 V4 柴油机，功率为 67 千瓦。

■ FCM 36 轻型坦克侧前方视角

■ 博物馆中的 FCM 36 轻型坦克

■ 保存至今的 FCM 36 轻型坦克

法国 AMX-13 轻型坦克

AMX-13 坦克是法国于 20 世纪 50 年代研制的一款轻型坦克，主要用于对抗敌方战车以及侦察。除法国军队外，以色列、阿根廷、智利、印度尼西亚、新加坡和委内瑞拉等国也有采用。

AMX-13 坦克的车体为钢板焊接结构，采用了 FL-10 摇摆式炮塔，炮塔位于车后，由上下两部分组成，炮塔的上部可同炮身一起在垂直方向运动。该炮塔的优点是可以降低炮塔高度、缩小炮塔座圈直径，因而也相应减小了坦克的车宽、减轻了重量，同时还便于实现装弹自动化。AMX-13 坦克装有 1 门 75 毫米火炮，有炮口制退器并采用自动装弹机构。辅助武器为 1 挺 7.5 毫米或 7.62 毫米并列机枪，炮塔两侧各装有 2 具烟幕弹发射器。自 20 世纪 60 年代初，AMX-13 坦克换装了 90 毫米火炮。此外，一些外销版的 AMX-13 坦克安装了 105 毫米火炮。

■ AMX-13 轻型坦克侧后方视角

CHAPTER 03 轻型坦克 103

日本 94 式轻型坦克

94 式坦克是日本在二战期间生产的一款超轻型坦克,又被称为"94 式豆战车"。该坦克主要用于指挥、联络、搜索、警戒等作战任务,也可以用作火炮牵引车或弹药搬运车。

94 式坦克的驾驶室和动力舱在车体前部,驾驶室居右,动力舱在左,发动机位于变速箱的后面,即车体中部靠前的位置上。战斗室位于车体后部,上部有一个枪塔。该坦克只有 2 名乘员,即车长和驾驶员。94 式坦克的主要武器是 1 挺机枪,早期为 91 式 6.5 毫米机枪,后被 97 式 7.7 毫米机枪取代,极少数车装过 37 毫米火炮。94 式坦克的装甲防护力非常薄弱,往往只需要一个炸药包或一个集束手榴弹就可以把它炸毁,用重机枪也可以打穿其装甲从而杀死车内乘员。该坦克的动力装置为 1 台三菱重工生产的风冷式汽油发动机,功率为 24 千瓦。

· 保存在博物馆中的 94 式轻型坦克 ·

CHAPTER 04

中型坦克

中型坦克是比较灵活的多用途坦克,虽然大多数中型坦克的速度和机动性都很优越,但更多时候,被用于战场支援作战。某些中型坦克可能速度比较慢,而且炮塔旋转速度缓慢,但其拥有更厚重的装甲和先进的火炮,成为己方最有力的移动火力平台。

美国 M2 中型坦克

M2 中型坦克是美国在二战爆发时研制的一款中型坦克，它是美国第一种大规模生产的中型坦克，标志着主流坦克由轻型向中型的转变。由于 M2 中型坦克在美国参战时已经落伍，所以并未派往海外战场，全部装备美军用于在本土的坦克兵训练。

M2 中型坦克可以说是 M2 轻型坦克的加大型，两者有许多相同的部件设计。M2 中型坦克的车体前部为驾驶室和传动装置，中部为战斗室，车体后部为动力舱。乘员共有 6 人，包括 1 名车长、1 名驾驶员，以及 4 名炮手/机枪手。M2 中型坦克的主要武器是 1 门 37 毫米 M3 坦克炮，备弹 200 发。辅助武器为 7 挺勃朗宁 7.62 毫米 M1919 机枪，共备弹 12 250 发。M2 中型坦克最初使用了 1 台赖特风冷发动机，而 M2A1 型对这种发动机进行了增压处理，功率进一步提升。

• M2 中型坦克侧面视角 •

■ M2中型坦克侧前方视角

美国 M3 "格兰特/李"中型

M3 "格兰特/李"中型坦克是美国在二战时期研制的一款中型坦克，1941年8月开始批量生产，一直持续到1942年12月，总产量超过6000辆。该坦克的变型车较多，如T1扫雷车、T6火炮运载车和T16重型牵引车等。

M3中型坦克的外形和结构有很多与众不同之处。它的车体较高，炮塔呈不对称布置，安装有2门主炮，车体的侧面开有舱门，采用平衡式悬挂装置，主动轮前置。该坦克最大的特点是有2门主炮：1门是75毫米榴弹炮，装在车体右侧的突出炮座内，另1门是37毫米加农炮，安装在炮塔上。辅助武器为4挺勃朗宁7.62毫米M1919机枪，备弹9200发。由于车内武器众多，所以M3中型坦克的乘员多达7人。M3中型坦克与M2中型坦克一样，采用赖特公司的汽油发动机，安装于车身后方，动力经传动轴接驳至车身前方驾驶席的变速箱。

■ 博物馆中的M3 "格兰特/李"中型坦克

坦克

■ M3"格兰特／李"中型坦克前方视角

■ 高速行驶的M3"格兰特／李"中型坦克

■ M3"格兰特／李"中型坦克侧后方视角

CHAPTER 04 中型坦克 111

美国 M4 "谢尔曼" 中型坦克

• 博物馆中的 M4 "谢尔曼" 中型坦克 •

M4"谢尔曼"(Sherman)坦克是美国在二战时期研制的一款中型坦克,"谢尔曼"之名为英军所取,来源是美国南北战争中北方军队的将军威廉·谢尔曼。该坦克产量极高,二战期间共生产了近5万辆。

M4中型坦克装备1门75毫米M3型加农炮,能够在1000米距离上击穿62毫米钢板。该坦克的炮塔转动装置是二战时期最快的,转动一周的时间不到10秒。M4中型坦克还是二战时唯一装备了垂直稳定器的坦克,能够在行进中瞄准目标开炮。M4中型坦克的车身正面和侧面装甲厚50毫米,正面有47度斜角,防护效果相当于70毫米,侧面则没有斜角。M4中型坦克的298千瓦汽油发动机是二战最优秀的坦克发动机之一,使其具有47千米的最高公路时速,有助于机动作战。不过,这种发动机非常容易起火爆炸,这个弊病使M4中型坦克获得了"朗森打火机"的绰号。

■ M4"谢尔曼"中型坦克左前方视角

美国 M46"巴顿"中型坦克

M46"巴顿"(Patton)中型坦克是二战后美国研制的第一种坦克，也是第一代"巴顿"坦克，1949年开始服役。该坦克由M26"潘兴"坦克改进而来，两者的主要区别在于火炮、发动机和传动装置。

M46坦克的火炮是1门M3A1型90毫米加农炮，带有引射排烟装置，但取消了火炮稳定器。发动机为"大陆"AV-1790-5型V形12缸风冷汽油机，在转速2600转/分时功率为595千瓦。发动机采用了两套独立的点火与供给系统，保证了可靠性。该坦克的传动装置为"艾里逊"CD-850-4型液力机械传动装置，由于采用了液力变矩器和双功率流转向机构，使坦克起步平稳，加速性能好，操纵轻便。行动装置与M26坦克的基本相同，在主动轮和后负重轮之间装有1个履带张紧轮。另外，在前负重轮处增加了2个减振器。

■ 博物馆中的M46"巴顿"中型坦克

■ M46"巴顿"中型坦克前方视角

CHAPTER 04 中型坦克

美国 M47 "巴顿" 中型坦克

M47 "巴顿"（Patton）中型坦克是美国陆军第二代"巴顿"系列坦克，它是根据 M46 坦克在一些局部战争中的实战经验而得出的改良型，1952 年开始服役。

M47 坦克是传统的炮塔型坦克，车体由装甲钢板和铸造装甲部件焊接而成，并带有加强筋，前部是驾驶舱，中部是战斗舱，后部是动力舱。铸造炮塔位于车体中央，车长和炮长位于炮塔内火炮右侧，装填手在左侧。M47 坦克的主要武器是 1 门 M36 式 90 毫米火炮，采用立楔式炮闩，炮口装有 T 形或圆筒形消焰器，有炮管抽气装置。炮塔可 360 度旋转，火炮俯仰范围是 -5 度到 +19 度，有效反坦克射程是 2000 米。该坦克装甲厚度最大为 115 毫米，车内无三防装置。车身两侧各有 6 个负重轮和 3 个托带轮，诱导轮在前，主动轮在后，在第六负重轮和主动轮间有一可调式履带张紧轮。第一、二、五、六负重轮处装有液压减振器。

· M47"巴顿"中型坦克侧面视角 ·

· 保存至今的M47"巴顿"中型坦克 ·

· M47"巴顿"中型坦克炮塔特写 ·

美国 M48 "巴顿" 中型坦克

■ M48 "巴顿" 中型坦克侧前方视角

M48"巴顿"(Patton)坦克是美国陆军第三代"巴顿"系列坦克，1953年开始服役，在冷战时期主要当作中型坦克使用。

M48坦克的主要武器是1门90毫米M41型坦克炮，俯仰范围为-9度到+19度，炮管前端有一个圆筒形抽气装置，炮口有导流反射式制退器，炮闩为立楔式，有电击式击发机构，炮管寿命为700发。主炮左侧安装1挺7.62毫米M73式并列机枪，车长指挥塔上安装1挺12.7毫米M2式高射机枪，可在指挥塔内瞄准射击。M48坦克的车头和车底均采用船身的圆弧形，炮塔为圆形，不同部位的装甲厚度从25毫米到120毫米不等，因此具有相当好的装甲防护能力。M48坦克无须准备即可涉水1.2米深，装潜渡装置潜深达4.5米。潜渡前所有开口均要密封，潜渡时需要打开排水泵。

· M48"巴顿"中型坦克侧后方视角 ·

· 博物馆中的M48"巴顿"中型坦克 ·

· M48"巴顿"中型坦克前方视角 ·

乌克兰 T-24 中型坦克

T-24 坦克是苏联于 1931 年生产的一款中型坦克，仅生产了 24 辆。该坦克是位于乌克兰的哈尔科夫工厂生产的第一种坦克，该厂后来负责生产了著名的 T-34 坦克和 T-54 坦克。

T-24 坦克的主武器是 1 门 45 毫米火炮，车体内有 1 挺球架式 7.62 毫米 DP 轻机枪，炮塔内另有 1 挺，第 3 挺置于主炮塔上方的副炮塔内。该坦克的装甲在当时尚属优良，但其发动机和传动系统存在诸多问题。T-24 坦克被认为是不可靠的，只被用做训练和检阅。不过，T-24 坦克让哈尔科夫工厂获得了设计和生产坦克的最初经验，而这些经验在日后工厂受命生产 BT 快速坦克时，得到了极为成功的应用。

■ T-24 中型坦克左侧视角

·T-24 中型坦克右侧视角·

CHAPTER 04　中型坦克

俄罗斯 T-28 中型坦克

T-28 坦克是苏联于 20 世纪 30 年代初研制的一款中型坦克，主要用于支援步兵以突破敌军防线，它也被设计或用来配合 T-35 重型坦克进行作战，两车也有许多零件通用。

T-28 坦克在许多方面的设计都类似于英国 A1E1 "独立者" 多炮塔坦克。1932 年，列宁格勒的基洛夫工厂开始以 A1E1 "独立者" 多炮塔坦克为基础，设计新型坦克。设计出的 T-28 坦克于 1933 年 8 月 11 日被批准使用。虽然该中型坦克在战斗上的设计并不十分成功，但对苏联设计师来说是一个重要的里程碑。T-28 坦克的中央炮塔可乘坐 6 人，炮塔上装备 1 门威力强大的两用 76.2 毫米火炮以及 3 挺 DT 机枪，其中 1 挺为同轴 DT 机枪，另外 2 挺分别配置在两个前部炮塔上。

T-28 坦克的车体和炮塔为钢装甲，最初为全焊接结构，后来的为焊接和铆接混合式结构，主要部位的装甲厚度为 15～30 毫米。装甲较薄，这是 T-28 坦克的一个突出弱点。

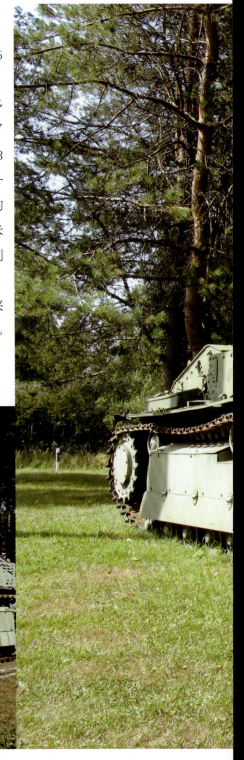

■ T-28 中型坦克侧面视角

■ T-28 中型坦克侧前方视角

俄罗斯 T-34 中型坦克

■ 保存在波兰的T-34中型坦克

■ T-34中型坦克正面视角

■ 保存至今的T-

•T-34 中型坦克侧前方视角•

T-34 坦克是苏联于 1940 年至 1958 年生产的中型坦克，堪称二战期间苏联最著名的坦克。该坦克有 T-34/76、T-34/57、T-34/85 和 T-34/100 等多种改良型号，其中加大了炮塔的 T-34/85 被德军称为"大脑袋 T-34"。

T-34 坦克的主要武器最初是 1 门 76.2 毫米 M1939 L-11 型火炮，1941 年时改为 76.2 毫米 F-34 型高初速炮，具有更长的炮管以及更高的初速，备弹 77 发。T-34/85 又改为 85 毫米 ZiS-S-53 坦克炮，备弹 56 发。除了主炮外，T-34 坦克还装有两挺 7.62 毫米 DP/DT 机枪，一挺作为主炮旁的同轴机枪，另一挺则置于车身驾驶座的右方。T-34 坦克的车身装甲厚度都是 45 毫米，与德国的三号、四号坦克相当，但正面装甲有 32 度斜角，侧面也有 49 度斜角。炮塔是铸造而成的六角形，正面装甲厚度 60 毫米，侧面也是 45 毫米，车身的斜角一直延伸到炮塔，因此 T-34 从正面看几乎是一个直角三角形。T-34 中型坦克的越野机动性优于德军坦克，而宽履带的设计也将接地压力降至最低程度，使其可以在雪地上自如行驶。

德国三号中型坦克

三号坦克（Panzerkampfwagen Ⅲ）是德国于20世纪30年代研制的中型坦克，拥有多种衍生及改进型，并由德军在二战中广泛使用，其改进和衍生型号一直服役到二战结束。

早期生产的三号坦克（A型～E型，以及少量F型）安装由PAK 36反坦克炮修改而成的37毫米坦克炮，后来生产的F型～M型改装50毫米KwK38 L/42及KwK39 L/60型火炮，备弹99发。1942年生产的N型换装75毫米KwK37 L/24低速炮，备弹64发。辅助武器方面，A型～H型都使用2挺7.92毫米机枪，以及1挺在车身中的机枪。而从G型开始则使用1挺同轴MG34机枪以及1挺在车身上的机枪。A型～C型装有以滚轧均质钢制成的15毫米轻型装甲，而顶部和底部分别装上10毫米及5毫米的同类装甲。D型～G型换装新的30毫米装甲，而H型、J型、L型及M型在坦克正后方的表面覆上另一层30～50毫米的装甲。

■ 博物馆中的三号中型坦克

·三号中型坦克编队·

·三号中型坦克侧面视角·

CHAPTER 04 中型坦克 127

德国四号中型坦克

■四号中型坦克前方视角

四号坦克（Panzerkampfwagen Ⅳ）是德国在二战中研制的中型坦克，也是德国在二战中产量最大的一种坦克。四号坦克从1939年欧洲战争爆发到结束一直在德军服役，参与了二战欧洲部分的大部分重大战役。

四号坦克采用1门75毫米火炮，最初型号为KwK 37 L/24，主要配备高爆弹用于攻击敌方步兵。后来为了对付苏联T-34坦克，为F2型和G型安装了75毫米KwK 40 L/42反坦克炮，更晚的型号则使用了威力更强的75毫米KwK 40 L/48反坦克炮，该炮的威力仅次于德国"虎"式坦克的88毫米KwK 36 L/56坦克炮，可在1000米距离上击穿110毫米厚度的装甲。该坦克的辅助武器为2挺7.92毫米MG 34机枪，主要用于对付敌方步兵。四号坦克各个型号的装甲厚度各不相同，其中A型的侧面装甲厚度15毫米，顶部和底部分别为10毫米和5毫米。

■ 四号中型坦克侧面视角

德国"豹"式中型坦克

"豹"式中型坦克是二战期间德国最出色的坦克之一,又称为五号坦克(Panzerkampfwagen V),主要在东线战场服役。由于盟军的轰炸和生产上的问题,"豹"式坦克的产量极低。直至战争结束,德国共生产了6000辆左右。

"豹"式坦克的主要武器为1门莱茵金属生产的75毫米半自动KwK42 L/70火炮,通常备弹79发(G型为82发),尽管火炮口径并不大,但却是二战中最具威力的火炮之一,其贯穿能力甚至比88毫米KwK36 L/56火炮还高。"豹"式坦克还有2挺MG34机枪,分别安装于炮塔上及车身斜面上,用于扫除步兵及防空。"豹"式坦克的倾斜装甲采用同质钢板,经过焊接及锁扣后非常坚固。整个装甲只留有两个开孔,分别提供给机枪手和驾驶员使用。坦克两侧装有5毫米厚的裙边,以便抵挡磁性地雷的攻击。

■ "豹"式中型坦克侧前方视角

■ "豹"式中型坦克侧后方视角

■ 博物馆中的"豹"式中型坦克

英国"十字军"坦克

"十字军"（Crusader）坦克是英国在二战时期最主要的巡航坦克，共生产了5300辆，约占战时英国坦克总产量的五分之一。以吨位来看，"十字军"坦克应属于中型坦克。

"十字军"坦克首次服役于1941年6月的"战斧行动"中，其后的"十字军行动"也因英军大量投放这种坦克而命名。虽然"十字军"坦克的速度远胜于德军坦克，但存在火力差、装甲薄弱和可靠性不足的问题。当德军部队使用反坦克炮从远处攻击时，"十字军"坦克的射程和火力根本难以反击。"十字军"坦克的主要武器是1门40毫米火炮，辅助武器为2挺7.92毫米机枪。此外，车内还有1挺防空用的"布伦"轻机枪，但不是固定武器。"十字军"坦克的车体和炮塔以铆接式结构为主，三种型号的装甲都比较薄弱。

■ "十字军"坦克侧前方视角

英国"马蒂尔达"坦克

"马蒂尔达"(Matilda)坦克是英国于20世纪30年代研制的步兵坦克,有Ⅰ型和Ⅱ型两种型号。以吨位来看,"马蒂尔达"坦克应属于中型坦克。

由于设计思想的限制,Ⅰ型的主要武器仅有1挺7.7毫米机枪,火力太弱。后来虽然换装了12.7毫米机枪,但由于原来的炮塔太小,乘员操纵射击非常费劲。动力装置为福特8缸汽油发动机,最大功率仅为51.5千瓦。唯一值得称道的是防护能力,Ⅰ型的车体正面装甲厚60毫米,炮塔的四周均为65毫米厚的钢装甲。Ⅱ型的主要武器为QF型2磅火炮,口径为40毫米,身管长为52倍口径。辅助武器为1挺7.92毫米并列机枪,弹药基数2925发。该坦克的动力装置为两台AEC公司制造的直列6缸民用柴油机,每台的最大功率为64千瓦,总最大功率为128千瓦。双发动机布置方案虽然有一定的动力优势,但也带来了占用车内空间和同步协调等问题。

· "马蒂尔达"坦克在平原地区作战 ·

■ 博物馆中的"马蒂尔达"坦克

英国"克伦威尔"坦克

"克伦威尔"(Cromwell)坦克是英国在二战时期研制的巡航坦克,该系列中一部分型号称为"人马座"。该坦克是英国在二战中使用的性能最好的巡航坦克系列之一,也是后来的"彗星"巡航坦克的设计原型。以吨位来看,"克伦威尔"坦克应属于中型坦克。

"克伦威尔"坦克的车体和炮塔多为焊接结构,有的为铆接结构,装甲厚度为 8～76 毫米。Ⅰ、Ⅱ、Ⅲ型坦克的战斗全重约 28 吨,乘员 5 人。主要武器是 1 门 57 毫米火炮,辅助武器有 1 挺 7.92 毫米并列机枪和 1 挺 7.92 毫米前机枪。发动机为 V12 水冷汽油机,功率 441 千瓦。传动装置有 4 个前进挡和 1 个倒挡,行动装置采用"克里斯蒂"悬挂装置。Ⅳ、Ⅴ、Ⅶ型坦克换装了 75 毫米火炮,增装了炮口制退器,发射的弹种由以穿甲弹为主转向以榴弹为主。Ⅵ、Ⅷ型坦克换装了 95 毫米榴弹炮。

·"克伦威尔"坦克正面视角·

·"克伦威尔"坦克侧前方视角·

英国"彗星"坦克

·博物馆中的"彗星"坦克·

·"彗星"坦克侧面视角·

·二战中的"彗星"坦克·

■ "彗星"坦克侧前方视角

"彗星"(Comet)坦克是英国研制的最后一种巡航坦克,由"克伦威尔"坦克发展而来。以吨位来看,"彗星"坦克应属于中型坦克。该坦克性能优秀,但未能在二战中一显身手。英国一直使用到1958年,还有些国家甚至持续使用到20世纪70年代。

"彗星"坦克的战斗力大致与德军"豹"式坦克相当,主要武器为1门77毫米火炮,备弹61发。辅助武器为2挺7.92毫米贝莎机枪,备弹5175发。该坦克的动力装置为劳斯莱斯"流星"MK3 V12水冷式汽油发动机,功率441千瓦,悬挂系统为梅里特-布朗Z5型。最厚达102毫米的装甲使它能抵挡德国大部分反坦克武器的攻击。

英国"谢尔曼萤火虫"中型

坦克

• "谢尔曼萤火虫"中型坦克侧后方视角 •

"谢尔曼萤火虫"（Sherman Firefly）中型坦克是二战时唯一可以在正常作战距离击毁"豹"式坦克和"虎"式坦克的英军坦克，其由美国 M4 "谢尔曼"坦克改装主炮改进而来。

"谢尔曼萤火虫"坦克的主要武器是 QF 76.2 毫米反坦克炮，这是英国在二战时火力最强的坦克炮，也是所有国家中最有威力的坦克炮之一。当使用标准的钝头被帽穿甲弹，入射角度为 30 度时，"谢尔曼萤火虫"坦克的主炮可以在 500 米处击穿 140 毫米厚的装甲。若用脱壳穿甲弹，入射角度同样为 30 度时，在 500 米远可击穿 209 毫米厚的装甲。尽管"谢尔曼萤火虫"有优秀的反坦克能力，但在对付软目标，如敌人步兵、建筑物和轻装甲的战车时，被认为比一般的 M4 "谢尔曼"坦克要差。

法国索玛 S-35 坦克

索玛 S-35（Somua S-35）中型坦克是法国在二战中使用的一款骑兵坦克，一度被评价为"20 世纪 30 年代最佳的中型坦克"。该坦克从 1936 年至 1940 年共生产约 500 辆，一直服役到 1940 年法国投降。1940 年法国被占领后，德军接收了全部法国坦克，并利用 S-35 坦克执行各种任务。

S-35 坦克的炮塔和车体由钢铁铸造而成，具有优美的弧度，无线电对讲机是标准设备，这些独特设计影响了后来的美国 M4"谢尔曼"坦克和苏联 T-34 坦克。S-35 坦克战斗全重将近 20 吨，乘员 3 人，炮塔正面装甲厚度 55 毫米，车身装甲厚度 40 毫米，最薄弱的后部也有 20 毫米，防护效果相当不错。该坦克还有自动灭火系统，关键位置还设有洒出溴甲烷的装置。S-35 坦克装备 1 门 47 毫米 L/40 加农炮，堪称西线战场威力最大的坦克炮之一。与德军三号坦克相比，S-35 坦克的火力和防护力都毫不逊色，只有机动性能略差。

■ 博物馆中的索玛 S-35 坦克

· 索玛S-35坦克侧后方视角 ·　　· 索玛S-35坦克侧面视角 ·

CHAPTER 04　中型坦克

意大利 M11/39 中型坦克

M11/39 坦克是意大利于二战初期使用的一款中型坦克。尽管意大利称其为中型坦克，但以该坦克的吨位与火力来说，较接近轻型坦克的级别。大多数 M11/39 坦克被投入北非战场的战斗中，但也有少部分被送往意属东非。

M11/39 坦克的主要武器是 1 门 37 毫米火炮，仅能左右 15 度横摆移动。辅助武器是 2 挺安装在旋转炮塔上的 8 毫米机枪。机枪由一人操控，而此人必须在狭窄且需要手动操作的炮塔里开火。M11/39 坦克在早期遭遇英军的轻型坦克时，其 37 毫米主炮尚能充分压制对方。而遭遇英军的巡航坦克与步兵坦克时，意军 M11/39 坦克便完全处于劣势。除了极为贫弱的火力外，M11/39 坦克还有机械可靠性差、行驶速度慢等缺点。该坦克最厚处才 30 毫米的铆接式装甲钢板仅能抵挡 20 毫米机炮的火力，英军的 2 磅炮在对 M11/39 主炮有利的距离内，也能击毁该坦克。

M11/39 中型坦克侧面视角

CHAPTER 04 中型坦克

意大利 M13/40 中型坦克

M13/40 坦克是二战中意大利使用最为广泛的中型坦克,尽管是以中型坦克的理念来设计,但其装甲与火力的标准较接近轻型坦克。

M13/40 坦克的主要武器为 1 门 47 毫米火炮,共载有 104 发穿甲弹与高爆弹,能够在 500 米距离贯穿 45 毫米的装甲钢板,虽然可以有效对付英军的轻型坦克与巡航坦克,但仍无法对付较重型的步兵坦克。M13/40 坦克还装有 3～4 挺机枪:1 挺主炮同轴机枪和 2 挺前方机枪,置于球形炮座。第 4 挺机枪则弹性装设于炮塔顶,作为防空机枪。该坦克还有 2 部潜望镜分别给车长和炮手使用,还有无线电作为标准配备。M13/40 坦克的装甲由铆接的钢板所构成,厚度分别为:车前 30 毫米(同 M11/39)、炮塔前 42 毫米(M11/39 为 30 毫米)、侧面 25 毫米(M11/39 为 15 毫米)、车底 6 毫米(这使它非常容易被地雷破坏)和顶部 15 毫米。

• M13/40 中型坦克侧前方视角 •
• (没有履带) •

• 博物馆中的 M13/40 中型坦克 •

■ M13/40 中型坦克正面视角

CHAPTER 04　中型坦克

意大利 M14/41 中型坦克

M14/41 坦克是意大利早期使用的 M13/40 坦克的改良型，它使用与 M13/40 相同的底盘，但设计了新的车体，拥有较好的装甲。与 M11/39 坦克和 M13/40 坦克一样，M14/41 坦克虽然是以中型坦克的理念来设计，但其装甲与火力的标准较接近轻型坦克。该坦克于 1941 年至 1942 年期间生产，共生产了 800 辆左右。

M14/41 坦克的主要武器是 1 门 47 毫米口径火炮，辅助武器为 2 挺 8 毫米 Modello 38 机枪，其中 1 挺为同轴机枪，另 1 挺作为防空机枪。该坦克的装甲厚度从 6 毫米到 42 毫米不等，防护能力较差。M14/41 坦克的动力装置是 1 台 SPA 15-TM-40 汽油发动机，输出功率为 114.8 千瓦。悬挂系统为"竖锥"型弹簧悬吊装置。该坦克最大速度为 32 千米/时，最大行程 200 千米。

■ 二战中的 M14/41 中型坦克

■ 博物馆中的 M14/41 中型坦克

日本 97 式中型坦克

■博物馆中的 97 式中型坦克

· 保存至今的97式中型坦克残骸 ·

· 二战中的97式中型坦克 ·

97式中型坦克是日本在二战期间装备的最成功的一种坦克，于1937年设计定型，1938年开始装备部队。

97式中型坦克的主要武器为1门97式57毫米短身管火炮，可发射榴弹和穿甲弹，携弹量120发（榴弹80发、穿甲弹40发），其穿甲弹可以在1200米距离上击穿50毫米厚的钢质装甲。辅助武器为2挺97式7.7毫米重机枪，携弹量4035发，其中1挺为前置机枪，另1挺装在炮塔后部偏右的位置。97式中型坦克的车长和炮手位于炮塔内，驾驶员位于车体前部的右侧，机枪手在驾驶员的左侧，炮塔位于车体纵向中心偏右的位置。车体和炮塔均为钢质装甲，采用铆接结构，最大厚度为25毫米。

CHAPTER

05

重型坦克

重型坦克的火炮口径大，炮管长，攻击力强。同时，重型坦克的车体装甲厚，抵御炮击的能力强，但是体重大导致机动性较慢。重型装甲和强力火炮，使每1辆重型坦克都是一股不容忽视的力量，也是战场上扭转战局的关键。

美国 M26 "潘兴" 重型坦克

• M26 "潘兴" 重型坦克侧前方视角 •

• M26"潘兴"重型坦克侧面视角 •

• M26"潘兴"重型坦克侧后方视角 •

• M26"潘兴"重型坦克正面视角 •

  M26"潘兴"(Pershing)坦克是美国专为对付德国"虎"式坦克而设计的重型坦克,以美国名将"铁锤将军"约翰·潘兴的名字命名。1945年3月,美军又改变标准将M26归类为中型坦克。

  M26坦克装备的90毫米M3坦克炮穿透力极强,能在1000米距离穿透147毫米厚的装甲,足够击穿当时大多数坦克的装甲。该坦克的辅助武器是1挺12.7毫米高射机枪和2挺7.62毫米机枪。M26坦克的车体为焊接结构,其侧面、顶部和底部都是轧制钢板,而前面、后面及炮塔则是铸造而成。车体前上装甲板厚120毫米,前下装甲板厚76毫米。侧装甲板前部厚76毫米,后部厚51毫米。炮塔前装甲板厚102毫米,侧面和后部装甲板厚76毫米,防盾厚114毫米。M26坦克安装了福特GAF型汽油发动机,输出功率为368千瓦。

美国 M103 重型坦克

· M103 重型坦克侧后方视角 ·

M103 重型坦克是美国在二战后研制的重型坦克,在冷战期间服役于美国陆军和海军陆战队。在 M1 "艾布拉姆斯"主战坦克出现之前,M103 重型坦克一直是美军吨位最重、装甲最厚的坦克。

M103 重型坦克有 5 名乘员,即车长、炮长、驾驶员和两名装填手。美国军方在设计 M103 重型坦克时就把火力放到首位,其次是装甲防护力,再次是机动性。该坦克的主要武器是 1 门 M58 型 120 毫米线膛炮,采用立式炮闩,有双气室式炮口制退器和炮膛抽烟装置,高低射界为 -8 度到 +15 度,由液压机构操纵。采用分装式弹药,弹种有穿甲弹、榴弹和黄磷弹,也可发射破甲弹,弹药基数 38 发。

M103 重型坦克的辅助武器有 2 挺 7.62 毫米并列机枪和 1 挺 12.7 毫米高射机枪(可在指挥塔内由车长遥控操纵射击),弹药基数分别为 5250 发和 1000 发。

■ M103 重型坦克正面视角

俄罗斯 T-35 重型坦克

• T-35 重型坦克侧前方视角 •

T-35重型坦克是苏联于20世纪30年代研制的一款重型坦克,它是世界上唯一量产的五炮塔重型坦克,也是当时世界上最大的坦克。不过,该坦克机动力低下且可靠性差,大部分都在苏德战争初期被击毁或者俘获。

T-35坦克最显著的特征是拥有5个旋转炮塔,主炮塔是中央炮塔,在最顶层。下面一层有2个小炮塔和2个机枪塔,2个小炮塔位于主炮塔的右前方和左后方,2个机枪塔位于左前方和右后方。这样布置的好处是火力配系和重量分布比较均衡。尽管炮塔众多,但是T-35坦克的火力并不强大,装甲防护和机动性也差强人意,既无法摧毁敌军的新型坦克,又承受不住反坦克武器的攻击。T-35坦克的体积较大,在战场上很容易遭到敌军的攻击。该坦克的内部却极为狭窄,并且多隔间。

■ 博物馆中的T-35重型坦克

• T-35重型坦克在陡坡行驶 •

俄罗斯 KV-1 重型坦克

■ 博物馆中的 KV-1 重型坦克

■ KV-1 重型坦克侧面视角

· KV-1 重型坦克正面视角 ·

  KV-1 坦克是苏联 KV 系列重型坦克的第一种型号，以装甲厚重而闻名，是苏联红军在二战初期的重要装备。苏德战争之初，德军使用的反坦克炮、坦克炮都无法击毁 KV-1 坦克 90 毫米厚的炮塔前部装甲（后期厚度还提升至 120 毫米），对德军震慑力较强。

  KV-1 重型坦克的早期型号装备为 1 门 76 毫米 L-11 火炮，车身前面原本没有架设机枪，仅有手枪口，但在生产型上加装了 3 挺 7.62 毫米 DT 重机枪。后期型号的主炮改为 76 毫米 F-32 坦克炮，装甲提升至 90 毫米，炮塔更换为新型炮塔，炮塔前部还设计了使敌军跳弹的外形。该坦克使用 12 汽缸 V2 柴油发动机，最大速度为 35 千米/时。由于装甲的强化，重量成为 KV-1 坦克的主要缺点，虽然不断更换离合器、新型的炮塔、较长的炮管，并将部分焊接装甲改成铸造式，但它的可靠性还是不如 T-34 中型坦克。

俄罗斯 KV-2 重型坦克

• KV-2 重型坦克侧前方视角 •

·战场上的KV-2重型坦克·

·外形高大的KV-2重型坦克·

KV-2坦克是苏联KV系列重型坦克的第二种型号，自1940年一直服役到二战结束。1941年10月，KV-2坦克的生产被取消，总产量仅有两百余辆。即便如此，火力强大的KV-2坦克也给德军带来了不小的威胁，被德军称为"巨人"（Gigant）。

KV-2坦克有6名乘员，即坦克指挥员、火炮指挥员、第二火炮指挥员（装填手）、炮手、驾驶员、无线电手。该坦克的主要武器为1门152毫米榴弹炮，备弹36发。辅助武器为2挺7.62毫米DT重机枪。该坦克不但有强大的火力，也有厚实的装甲，其炮塔前装甲厚110毫米，侧面装甲厚75毫米。KV-2坦克的缺陷在于车体重量过高造成机动力低下，底盘容易出现故障，重型炮塔在车身倾斜时无法旋转。

俄罗斯 KV-85 重型坦克

KV-85 坦克是苏联 KV 系列重型坦克的第三种型号，仅仅生产了两个月，产量为 143 辆。该坦克作为 IS 系列坦克投产前的过渡产品，为技术积累做出了贡献。

KV-85 坦克沿用了 KV-1S 坦克的底盘，配备了专为 85 毫米 D5T 火炮设计的新型铸造炮塔，该炮塔前装甲厚达 100 毫米，而且容积较大，拥有车长指挥塔，利于提高作战效率。KV-85 坦克的 85 毫米 D5T 火炮共有 70 发弹药，辅助武器为 3 挺 7.62 毫米 DT 重机枪。该坦克的动力装置为 V-2 柴油发动机，燃油量为 975 升，最大速度为 40 千米/时，最大行程为 250 千米。

• KV-85 重型坦克右侧视角 •

• KV-85 重型坦克后方视角 •

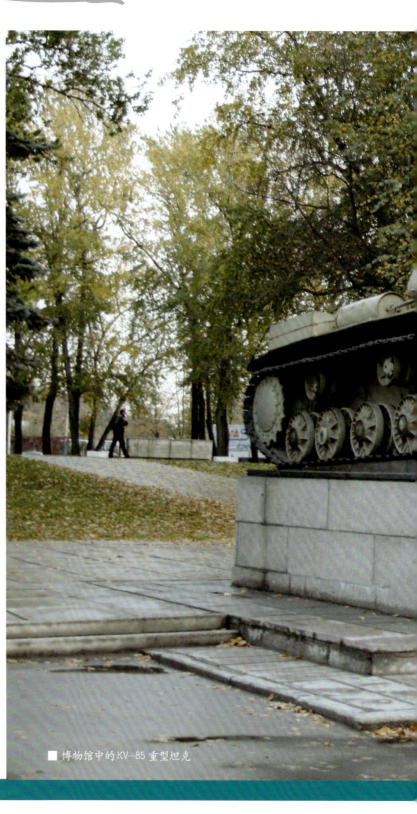

■ 博物馆中的 KV-85 重型坦克

俄罗斯 IS-2 重型坦克

　　IS-2 坦克是苏联 IS 系列重型坦克中最著名的型号,它与 T-34/85 中型坦克一起构成了二战后期苏联坦克的中坚力量。

　　IS-2 坦克的 122 毫米 D-25T 型主炮身管长为 43 倍口径,装有双气室炮口制退器,采用立楔式

■IS-2 重型坦克正面视角

炮闩、液压式驻退机和液气复进机。火炮方向射界为360度，高低射界为-3度到+20度。该坦克的辅助武器为4挺机枪，包括1挺7.62毫米并列机枪、1挺安装在车首的7.62毫米机枪、1挺安装在炮塔后部的7.62毫米机枪和1挺安装在车长指挥塔上的12.7毫米DShK机枪。IS-2坦克的车体前上装甲板厚120毫米，侧面装甲板厚89～90毫米，后部装甲厚22～64毫米，底部装甲板厚19毫米，顶部装甲板厚25毫米。炮塔装甲板厚30～102毫米，炮塔内装有手提式灭火器。

■ IS-2重型坦克左后方视角

■ IS-2重型坦克后方视角

• IS-2重型坦克右后方视角

俄罗斯 IS-3 重型坦克

■IS-3 重型坦克侧前方视角

IS-3 坦克是苏联在 IS-2 坦克基础上发展而来的重型坦克，主要用于对付德国"虎王"重型坦克。该坦克于 1945 年 1 月开始批量生产，1946 年停止生产，总产量约 2300 辆。

IS-3 坦克有 4 名乘员，分别为车长、炮长、装填手和驾驶员。车体从前到后依次为驾驶室、战斗室和动力室。驾驶员位于驾驶室正中央，上方有一个向右打开的三角形舱门，舱盖上有一具潜望镜。IS-3 坦克的防护力极强，尤其是侧后防护，由外层的 30 毫米厚 30 度外倾装甲、内侧上段 90 毫米厚 60 度内倾的装甲及下段 90 毫米厚垂直的装甲组成。IS-3 坦克的主武器和 IS-2 的完全一样，同样是 1 门 122 毫米 D-25T 型火炮。辅助武器为 1 挺安装在装填手舱门处环行枪架上的 12.7 毫米高射机枪、1 挺 7.62 毫米并列机枪，以及 1 挺安装在炮塔左后部的 7.62 毫米机枪。

■ IS-3 重型坦克侧后方视角

俄罗斯 T-10 重型坦克

■ 博物馆中的 T-10 重型坦克

T-10 重型坦克是苏联在冷战时期研制的重型坦克,也是 KV 系列坦克与 IS 系列坦克最终发展而成的坦克。该坦克原本命名为 IS-8,1953 年被改为 T-10。

T-10 重型坦克的主要作用是为 T-54/55 主战坦克提供远距离火力支援和充当阵地突破坦克。T-10 重型坦克的总体布局为传统式,从前到后依次为驾驶室、战斗室和动力室。车体侧面布置有工具箱和乘员物品箱,带有两条钢缆绳,没有侧裙板。T-10 坦克的主要武器为 1 门 122 毫米 D-25TA 坦克炮,火炮有一个双气室冲击式炮口制退器,没有稳定器。D-25TA 坦克炮的射击俯角比较小,在反斜面阵地上的射击比较困难。T-10 重型坦克的辅助武器为 1 挺 14.5 毫米并列机枪和 1 挺 14.5 毫米高射机枪。

• T-10 重型坦克正面视角 •

德国"虎"式重型坦克

"虎"式坦克是德国在二战期间研制的重型坦克,又被称为六号坦克或"虎Ⅰ"坦克,自1942年进入德国陆军服役至1945年投降为止。

"虎"式坦克的主要武器是1门电动击发的88毫米KwK 36 L/56式火炮,精准度较高,是二战时期杀伤效率最高的坦克炮之一,能在1000米距离上轻易击穿130毫米装甲。除了主炮,"虎"式坦克还装有2挺7.92毫米MG34机枪。该坦克车体前方装甲厚度为100毫米,炮塔正前方装甲则厚达120毫米。两侧和车尾也有80毫米厚的装甲。在二战时期,这样的装甲厚度能够在正常交战距离抵挡大多数炮弹,尤其是来自正面的反坦克炮弹。"虎"式坦克的薄弱地带在车顶,装甲厚度仅有25毫米。为了增强装甲防护力和攻击力,"虎"式坦克适度地牺牲了机动性能,但在同时期的重型坦克中仍处于前列。

· "虎"式重型坦克侧前方视角 ·

·二战中的"虎"式重型坦克·

CHAPTER 05 重型坦克 173

德国"虎王"重型坦克

■ 博物馆中的"虎王"重型坦克

■ "虎王"重型坦克后方视角

"虎王"(King Tiger)坦克是德国在二战后期研制的一款重型坦克,又称为"虎Ⅱ"坦克。该坦克参加了二战后期欧洲战场的许多战役,直到后期还参加了标志着欧洲战场结束的柏林战役。

"虎王"坦克采用了两种新型炮塔,首批50辆安装了保时捷公司设计的炮塔,之后的安装亨舍尔公司设计的炮塔。其中,保时捷炮塔装备有1门单节88毫米火炮(备弹80发),亨舍尔炮塔则装备1门双节88毫米火炮(备弹86发)。除了主炮,"虎王"坦克还安装了3挺MG34/MG42型7.92毫米机枪,备弹5850发,用于本车防御和对空射击。"虎王"坦克的车体和炮塔为钢装甲焊接结构,防弹外形较好。其车身前装甲厚度为100～150毫米,侧装甲和后装甲厚度为80毫米,底部和顶部装甲厚度为28毫米。由于重量极大,且耗油量大,"虎王"坦克的机动性能较差,最大公路速度为35～38千米/时。

• "虎王"重型坦克侧面视角 •

德国"鼠"式超重型坦克

• "鼠"式超重型坦克侧前方视角。

"鼠"式坦克是德国在二战期间研制的超重型坦克，也被称为八号坦克，一共有2辆原型车问世。该坦克的底盘、火炮和炮塔由克虏伯公司负责制造，而组装则由埃克特公司负责。

"鼠"式坦克重达188吨，装甲相当厚实，车体前方35度倾斜装甲厚达220毫米。该坦克的主要武器为1门128毫米KwK 44 L/55火炮、1门75毫米KwK 44 L/36.5同轴副炮。近距离防御武器是2挺7.92毫米MG34机枪，另外在炮塔两侧和后部还各有一个射击孔。此外，"鼠"式坦克的炮塔上还安装了先进的火炮测距仪以及夜战设备等。

• "鼠"式超重型坦克正面视角 •

英国"丘吉尔"坦克

"丘吉尔"(Churchill)坦克是英国在二战时期研制的一种步兵坦克,也是二战中英国生产数量最多的一种坦克。就重量而言,重38.5吨的"丘吉尔"坦克属于重型坦克。

"丘吉尔"坦克型号十分繁杂,共有18种车型,其中最主要的是Ⅰ~Ⅷ型。该坦克的装甲防护能力非常好,Ⅰ~Ⅵ型的最大装甲厚度(炮塔正面)达到了102毫米,Ⅶ型和Ⅷ型的最大装甲厚度更增加到了152毫米。"丘吉尔"坦克最大的弱点就是火力不足,Ⅰ型的主要武器为1门40毫米火炮,此外在车体前部还装有1门76.2毫米的短身管榴弹炮。自Ⅱ型开始,均取消了车体前部的短身管榴弹炮,而代之以7.92毫米机枪。Ⅲ型采用了焊接炮塔,其主炮换为57毫米加农炮,大大提高了坦克火力。Ⅳ型仍采用57毫米火炮,但又改为铸造炮塔。Ⅵ型和Ⅶ型都采用了75毫米火炮,Ⅴ型和Ⅷ型则采用了短身管的95毫米榴弹炮。

•"丘吉尔"坦克正面视角•

•"丘吉尔"坦克侧面视角•

•"丘吉尔"坦克后方视角•

英国"土龟"超重型坦克

• "土龟"超重型坦克前方视角 •

"土龟"（Tortoise）坦克是英国在二战末期研制的一款超重型坦克，其发展目的是为了突破战场上的坚固防护地区，在设计上强调装甲防护。该坦克至二战结束时只生产了6辆，其中1辆送至德国给驻莱茵河英军进行测试，虽然火力强大，但因为太重不适合战场上需要的高度机动性而没有量产。

"土龟"坦克采用固定炮塔，外形类似德国的突击炮，主炮为1门QF 32磅炮（94毫米口径），所发射的是弹体与发射药分装的分离式弹药，搭配被帽穿甲弹的32磅炮弹（14.5千克），在测试时发现可在900米距离击穿德军的"豹"式坦克。为了抵挡德军的88毫米炮，"土龟"坦克的正面装甲厚达228毫米，炮盾装甲也有所强化，另外再配同轴机枪、车头机枪及防空机枪各1挺，不过78吨的重量加上只有450千瓦的汽油发动机令行驶速度极低，而且难以运送，即便能在二战结束前服役，也难以随同友军装甲部队前进。

■ 博物馆中的"土龟"超重型坦克

CHAPTER 05 重型坦克 181

法国 FCM 2C 重型坦克

FCM 2C 坦克是一战时期法国地中海冶金造船厂研制的一款重型坦克，它是同时期最重的生产型坦克。该坦克的运输需要特殊器材，对铁路的要求也非常严苛，而当它各方面全部完善后，一战已经接近尾声，所以并没有机会在一战战场上表现。

FCM 2C 坦克最初装备了 105 毫米火炮，全重达 40 吨。之后，在法国军方的要求下，该坦克重量变成了 70 吨，并且由 75 毫米火炮替换了原有的 105 毫米火炮。1940 年，有 6 辆 FCM 2C 坦克装备法国军队，并参与了二战，但其表现并不出色。

■ FCM 2C 重型坦克侧面视角

由于重达 70 吨的 FCM 2C 坦克很难靠自己通过道路网机动到重要的目的地，所以只能通过铁路运输，法国军方为每辆坦克制造了两辆特别的运输车，它们分别连接在 FCM 2C 坦克的前方和后方，而坦克被"悬吊"起来，本身也成为运输车的一部分。显然，FCM 2C 坦克的铁路运输是一件费时费力的事情，需要特殊的器材，尤其是要在流量很少的线路进行。

• 二战中的 FCM 2C 重型坦克 •

• FCM 2C 重型坦克后方视角 •

• FCM 2C 重型坦克前方视角 •

法国 Char B1 重型坦克

Char B1 坦克是法国在二战前研制的一款重型坦克，截至 1940 年 6 月 25 日法国投降，共生产约 400 辆。法国战败后，德军将其接收作为二线占领军用车及训练坦克，有少数改装为喷火坦克投入东线战事。此外，意大利和克罗地亚也少量采用。

Char B1 坦克配备 47 毫米及 75 毫米火炮各 1 门，车体装甲为焊接和铆接的轧制均质装甲，其正面最大装甲厚度为 60 毫米，侧面装甲厚度也达到了 55 毫米。该坦克设计新颖，主炮塔关闭之后仍有相当良好的视野，车底设有紧急逃生门，传动系统也有装甲保护，堪称二战初期火力及防护力最强的坦克之一。Char B1 坦克的重量使它在机动时显得十分笨重迟缓，而且主炮塔的设计只能容纳车长一人，必须同时兼顾搜索、装填以及射击等任务，令车长负担太重。

• 博物馆中的 Char B1 重型坦克 •

■ Char B1 重型坦克侧前方视角

法国 ARL 44 重型坦克

• ARL 44 重型坦克侧前方视角 •

•ARL 44 重型坦克后方视角•

　　ARL 44 坦克是法国在二战时期研制的一款重型坦克，其设计工作直到二战结束后才完成。该坦克只生产了 60 辆，1953 年全部退役。

　　ARL 44 坦克的底盘非常长，且十分狭窄，它使用了一个十分过时的小型传动轮的悬挂，使用和 Char B1 坦克一样的履带，导致其最大速度只能达到 35.8 千米 / 时。该坦克的炮塔参考了 Char B1 坦克的设计，能安装由高射炮改装而成的 90 毫米 DCA 火炮，带有炮口制退器。总的来说，ARL 44 坦克是一个不太令人满意的临时设计，后人常常把它叫作"过渡坦克"，其主要目的是为建造更重的坦克提供经验。

意大利 P-40 重型坦克

P-40 坦克是二战中意大利生产的最重的坦克,尽管意大利将其归类为重型坦克,但按其他国家的吨位标准只能算是中型坦克。虽然意大利军方下了 1000 辆的订单,但由于意大利不断受到盟军轰炸,位于都灵的发动机制造厂也损失惨重,因此直到 1943 年 9 月意大利投降时也仅有 21 辆完成生产。

P-40 坦克采用避弹性好的斜面装甲,装有 1 门 75 毫米 34 倍口径火炮,仅有 65 发弹药。该坦克最初设计要搭载 3 挺机枪,之后取消了 1 挺前部机枪。机枪备弹量仅有 600 发,低于二战中大多数坦克。总体来说,P-40 坦克的设计在当时比较新颖,但仍缺乏焊接、可靠的悬吊装置和保护车长的顶盖等现代化技术或装置。即便如此,P-40 坦克仍是二战时期意大利最出色的坦克。

• P-40 重型坦克侧前方视角 •

CHAPTER 05　重型坦克

CHAPTER 06
履带式/半履带式装甲车

履带式装甲车具有高度的越野机动性能,火力和防护力也较强,可为步兵和作战物资提供装甲保护,也可支援步兵战斗。自两次世界大战以来,世界各国研制了大量履带式或半履带式装甲车,在战争中发挥了重要作用。

美国 M3 半履带装甲车

M3 半履带装甲车（M3 Half Track Car）是美国在二战及冷战时期使用的一款半履带装甲车辆，它有着极高的机动性、载重量和防护装甲。

M3 半履带装甲车是以 M3 装甲侦察车和 M2 半履带装甲车为基础改进而来，有着比 M2 半履带装甲车更长的车体，在车尾有一个进出口，并设有可承载 13 人步枪班的座位。在座位底下设有架子，用来放弹药及配给。座位后方还有额外的架子，用以放置步枪及其他物品。在车壳外履带上方设有个小架子，用以存放地雷。早期型的 M3 半履带装甲车在前座后方有个枢轴，装有 M2 重机枪。之后 M3 进一步升级为 M3A1，为机枪设置了有装甲保护的射击平台，而乘员座旁架设了两挺 7.62 毫米机枪。

■M3 半履带装甲车左侧视角

·M3A1 半履带装甲车· ·M3 半履带装甲车右侧视角·

美国 M113 装甲运兵车

M113 装甲运兵车（M113 Armored Personnel Carrier）是美国食品机械化学公司于 20 世纪 50 年代研制的一款装甲运兵车，因价格便宜、改装方便而被世界上许多国家采用。时至今日，M113 装甲运兵车的各种改型依然在服役。

M113 装甲运兵车采用全履带配置并有部分两栖能力，也有越野能力，在公路上可以高速行驶。M113 家族有极多的改型版，可以担任运输到火力支援等战场角色。M113 装甲运兵车只需 2 名车员（驾驶员和车长），后方可以运送 11 名步兵。该车的主要武器是 12.7 毫米勃朗宁 M2 重机枪，由车长操作。除此之外，还可以加装 40 毫米 MK 19 式自动榴弹发射器、反坦克无后坐力炮，甚至反坦克导弹。M113 装甲运兵车使用航空铝材制造，可以在重量更轻中拥有钢铁同级的防护力和更紧密的结构，并可使用较轻的小功率发动机。

•美军的M113装甲运兵车•

•M113装甲运兵车右侧视角•

•M113装甲运兵车左侧视角•

美国 AIFV 步兵战车

AIFV（Armored Infantry Fighting Vehicle）是由美国食品机械化学公司军械分部于 20 世纪 70 年代制造的一款履带式步兵战车，目前仍在荷兰、菲律宾和比利时等国服役。

AIFV 步兵战车的车体采用铝合金焊接结构，为了避免意外事故，车内单兵武器在射击时都有支架。舱内还有废弹壳搜集袋，以防止射击后抛出的弹壳伤害邻近的步兵。AIFV 步兵战车的车体及炮塔都披挂有间隙钢装甲，用螺栓与主装甲连接。这种间隙装甲中充填有网状的聚氨酯泡沫塑料，重量较轻，并有利于提高车辆水上行驶时的浮力。驾驶员在车体前部左侧，在其前方和左侧有 4 个 M27 昼间潜望镜，中间 1 个可换成被动式夜间驾驶仪。车长在驾驶员后方，有 5 个潜望镜。AIFV 步兵战车的主要武器为 1 门 25 毫米 KBA-B02 "厄利空"机炮，其左侧有 1 挺 7.62 毫米 FN 并列机枪。此外，车体前部还有 6 具烟幕弹发射器。

■ AIFV 步兵战车侧面视角

·经过简单伪装后的AIFV步兵战车·　　·荷兰军队装备的AIFV步兵战车·

美国 M2 "布雷德利"步兵战车

■ M2 "布雷德利"步兵战车侧前方视角

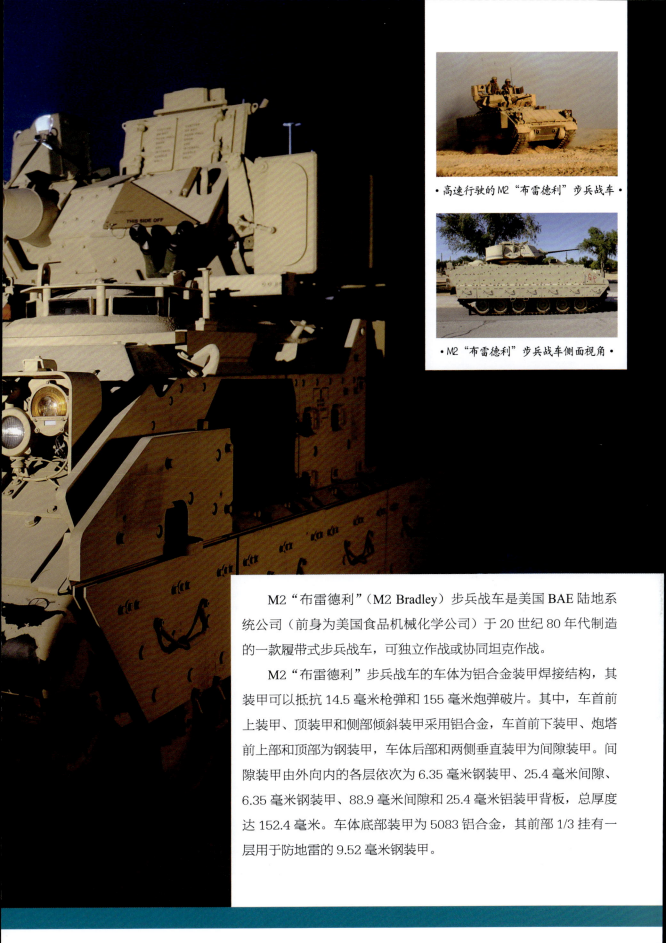

· 高速行驶的M2"布雷德利"步兵战车·

· M2"布雷德利"步兵战车侧面视角·

　　M2"布雷德利"（M2 Bradley）步兵战车是美国BAE陆地系统公司（前身为美国食品机械化学公司）于20世纪80年代制造的一款履带式步兵战车，可独立作战或协同坦克作战。

　　M2"布雷德利"步兵战车的车体为铝合金装甲焊接结构，其装甲可以抵抗14.5毫米枪弹和155毫米炮弹破片。其中，车首前上装甲、顶装甲和侧部倾斜装甲采用铝合金，车首前下装甲、炮塔前上部和顶部为钢装甲，车体后部和两侧垂直装甲为间隙装甲。间隙装甲由外向内的各层依次为6.35毫米钢装甲、25.4毫米间隙、6.35毫米钢装甲、88.9毫米间隙和25.4毫米铝装甲背板，总厚度达152.4毫米。车体底部装甲为5083铝合金，其前部1/3挂有一层用于防地雷的9.52毫米钢装甲。

美国 LVTP-5 两栖装甲车

■ LVTP-5 两栖装甲车侧面视角

• LVTP-5 两栖装甲车后方视角 •

• LVTP-5 两栖装甲车在海洋中航行 •

　　LVTP-5（Landing Vehicle Track Personnel-5）两栖装甲车是美国海军陆战队在20世纪50年代至70年代使用的一款两栖履带装甲车，有多种型号，包括地雷清扫车、指挥车、救援拖吊车和火力支援车等，最常见的是装甲运兵车。

　　虽然LVTP-5两栖装甲车相对之前的同类装甲车来说，其装甲有所加固，但敌方火力也在加强，所以它在面对敌方诸如火箭筒之类的武器时，仍不能有效防御。油箱的设计位置在兵员舱的下方，在地雷威力波及下汽油容易因此诱爆，以实战观点而言设计并不成功。另外，该车的固定武器只有1挺机枪，火力相对不足。因此，美军通常会利用LVTP-5装甲运兵车的大容量货舱进行应急改装，比如堆放沙包增强防御能力，装备无后坐力炮或迫击炮提供更有效的火力掩护等。

美国 AAV-7A1 两栖装甲车

■ AAV-7A1 两栖装甲车在海滩上行驶

AAV-7A1是美军现役的一款两栖装甲车,AAV意为"Amphibious Assault Vehicle"(两栖突击载具)。该车目前有三种衍生型,即AAVP-7A1(人员运输车)、AAVC-7C1(指挥车)和AAVR-7R1(救济车)。

AAVP-7A1是其最主要的车型,拥有运载25名全副武装陆战队员的能力。AAVP-7A1的乘组员共3名,分别是车长、驾驶员和炮手。AAVP-7A1的主要武器是1台40毫米MK 19自动榴弹发射器,次要武器是12.7毫米M2HB重机枪,此外还能安装MK 154地雷清除套件,可以发射3条内含炸药的导爆索,以清除沙滩上可能埋藏的地雷或其他障碍物。AAVC-7C1没有炮塔,内部运兵空间改装通信设备,故无运兵功能,车内乘员除乘组员3人外,舱内则配属5位无线电操作手、3位工作人员、2位指挥官。

· AAV-7A1两栖装甲车进行登陆作战 ·

· AAV-7A1两栖装甲车下水 ·

美国 M728 战斗工程车

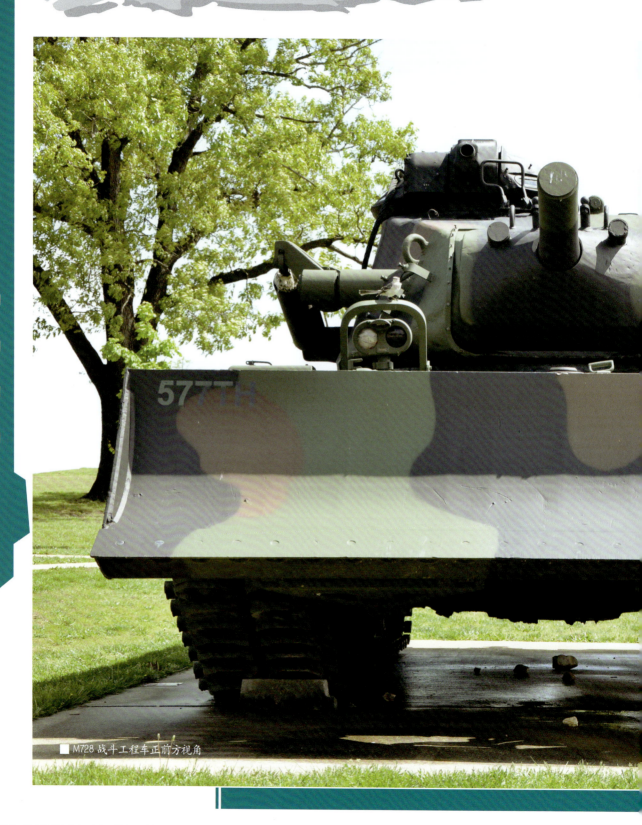

■ M728 战斗工程车正前方视角

M728 战斗工程车是美国底特律阿森纳坦克工厂（现通用动力公司地面系统分部）设计并制造的一挺履带式战斗工程车，于 1965 年开始服役。

M728 战斗工程车的车体前面有 A 形框架，不需要时向后平躺在车体后部，最大起吊重量为 15876 千克。安装在炮塔后部的双速绞盘备有直径 19 毫米的钢绳 61 米，由车长操纵。安装在车前的推土铲由液压驱动。M728 战斗工程车备有夜间驾驶仪，并且多数车的主炮顶部有氙气红外探照灯。中央空气滤清系统将新鲜空气输送给每个乘员。M728 战斗工程车各部位的装甲厚度在 13 毫米至 120 毫米之间，其中炮塔前部和车体前部的装甲厚度为 120 毫米。M728 战斗工程车的用途是破坏敌方野外防御工事和路障，填平间隙、弹坑和壕沟，设置火力阵地和路障。该车装备 1 门 M135 型 165 毫米破坏工事炮，炮塔可作 360 度旋转。此外，与主炮并列安装了 1 挺 M240 型 7.62 毫米机枪，指挥塔上安装 M85 型 12.7 毫米机枪。

• A 形框架展开的 M728 战斗工程车 •

• M728 战斗工程车侧后方视角 •

• M728 战斗工程车侧前方视角 •

美国 M9 装甲战斗推土机

· M9 装甲战斗推土机推倒矮墙 ·

· M9 装甲战斗推土机左前方视角 ·

· M9 装甲战斗推土机正在刮土 ·

M9装甲战斗推土机是美国机动装备研究与发展中心研制的一款多用途履带式工程车，1979年正式服役。

M9装甲战斗推土机的车体全部用铝合金焊接，车辆前部装有刮土斗、液压操纵的挡板和机械式退料器。推土铲刀装在挡板上，推土和刮土作业是通过液气悬挂装置使车辆的头部抬起或降落实现的，该悬挂装置还能使车辆倾斜到用铲刀的一角进行作业，推土作业能力几乎是一般斗式刮土机的两倍。该车铲斗的最大翻转角为50度，一次土方量为4.58～5.35立方米。卸荷是通过由两个双作用液压柱塞泵驱动的退料器实现的。铲斗的提升高度能使该车直接将货物卸到5吨卡车上。铲斗后背与推土铲刀之间的夹紧力为27千牛，能使该车同时拔起3根树桩和类似的物体。

■ 美国海军陆战队装备的M9装甲战斗推土机

俄罗斯 BMD-1 伞兵战车

• BMD-1 伞兵战车侧前方视角 •

BMD-1是苏联于20世纪60年代研制的一款伞兵战车，1969年正式装备空降部队。该车是BMD系列伞兵战车的第一款，至今仍在俄罗斯及其他苏联加盟共和国的军队中服役。

BMD-1伞兵战车车体前部为驾驶室，中部为战斗室，炮塔位于车体中部靠前（单人炮塔），后部为载员室，再后是动力舱。BMD-1伞兵战车装有6缸水冷柴油机，最大功率为176千瓦。手动式机械变速箱有5个前进挡和1个倒挡。悬挂装置为独立式液气弹簧悬挂装置，在车底距地面100～450毫米范围内可调。

• 白俄罗斯军队装备的BMD-1伞兵战车 •

• BMD-1伞兵战车正在进行登机准备工作 •

俄罗斯 BMD-2 伞兵战车

• BMD-2 伞兵战车侧前方视角 •

BMD-2 是苏联于 1985 年研发，1988 年正式装备空降部队的一款伞兵战车，是 BMD 系列伞兵战车的第二款。

　　BMD-1 伞兵战车拥有速度快、行程大等优点，但是火力不足，在面对敌方重火力时，无法以更重的火力进行压制。苏联针对 BMD-1 伞兵战车的这项弱点进行了改进，其结果就是 BMD-2 伞兵战车。BMD-2 和 BMD-1 伞兵战车的整体框架一致，只是采用的武器有所不同。BMD-2 伞兵战车的主要武器为 1 门 2A42 型 30 毫米机炮，在其上方装有 1 具 AT-4（后期型号装备 AT-5）反坦克火箭筒（射程 500～4000 米）。辅助武器为 1 挺 7.62 毫米并列机枪，备弹 2980 发，还有 1 挺 7.62 毫米航空机枪，备弹 2980 发。载员舱侧面开有射击孔，乘员可在车内向外以轻武器射击。

• BMD-2 伞兵战车后方视角 •

• BMD-2 伞兵战车正面视角 •

俄罗斯 BMD-3 伞兵战车

BMD-3 伞兵战车是苏联于 20 世纪 80 年代研发的，1990 年正式装备空降部队和海军，是 BMD 系列伞兵战车的第三款。

BMD-3 伞兵战车的设计是以 BMD-1 和 BMD-2 为基础的，但是其底盘、舱室布置、发动机功率和悬挂方式等与这两者完全不同，因此它算是一款全新的战车。BMD-3 伞兵战车装备有 2V06 型水冷柴油机，最大功率 331 千瓦。液压式机械变速箱有 5 个前进挡和 5 个倒挡。悬挂装置为液气悬挂装置，在车底距地面 130～530 毫米范围内可调。每侧有 5 个负重轮和 4 个托带轮，诱导轮在前，主动轮在后。该车具备两栖行进能力，车体尾部有 2 个喷水推进器，车前有防浪板，水上行驶可抗 5 级风浪，并且可在海面空投。

· BMD-3 伞兵战车编队 ·

• BMD—3伞兵战车侧前方视角 •

• BMD—3伞兵战车在城区行驶 •

俄罗斯 BMD-4 伞兵战车

BMD-4 伞兵战车是苏联于 20 世纪 90 年代研制的，是 BMD 系列伞兵战车的第四款。该车在 20 世纪 90 年代装备俄罗斯空降部队，并有部分出口到其他国家。

BMD-4 伞兵战车的主要武器为 1 门 2A70 型 100 毫米线膛炮。该炮配备双向稳定配自动装弹机（可在行进间开火），可发射杀伤爆破弹和炮射导弹（9M117 型）。发射 9M117 型炮射导弹时射程 4000 米，可穿透 550 毫米均质钢板。因该车具备发射炮射导弹能力，故无外置反坦克导弹发射器。与 BMD-3 相同，BMD-4 的车体前部为驾驶室，驾驶员位于车体中央。中部为战斗室，炮塔位于车体中部靠前，为单人炮塔。后部为载员室，其后是动力舱。

■ BMD-4 伞兵战车编队

• BMD-4 伞兵战车正面视角 •　　• BMD-4 伞兵战车进行涉水测试 •　　• BMD-4 伞兵战车参加军事演习 •

俄罗斯 BMP-1 步兵战车

■ BMP-1 步兵战车侧前方视角

BMP-1是苏联在二战后设计生产的第一种步兵战车,曾参与过阿富汗战争和海湾战争等,目前仍有部分在俄罗斯和其他国家服役。

BMP-1步兵战车的车首装甲倾斜80度,令它虽厚7毫米却有等同37毫米厚的防护能力。车身前部右侧是动力舱,发动机和齿轮箱都被放在此,车身前部左侧是驾驶员和其身后的车长,车身中部是炮塔,炮塔有炮手操作1门73毫米2A28滑膛炮、AT-3反坦克导弹以及1挺PKT同轴机枪,车身后部是运兵舱可载8名士兵,两排士兵是背对背坐,士兵有枪孔可以在车内向车外射击手上的枪械(主要是AK系列枪械)。

· BMP-1步兵战车后方视角 ·

· BMP-1步兵战车在泥泞路面行驶 ·

俄罗斯 BMP-2 步兵战车

• BMP-2 步兵战车侧前方视角 •

• BMP-2 步兵战车在城区行驶 •

■ BMP-2 步兵战车在山区训练

BMP-2 步兵战车是 BMP-1 步兵战车的改良型，属 BMP 系列的第二款。该车于 1980 年开始服役，目前仍在数十个国家的军队中服役。

BMP-2 步兵战车改用一个较大的双人炮塔取代了 BMP-1 的单人炮塔，主要武器改为 30 毫米 2A42 机炮和 AT-5 反坦克火箭筒（出口型号则一般安装 AT-4 反坦克火箭筒）。此外，BMP-2 还能利用履带划水，以 7～8 千米/时的速度在水上行驶，其余性能与 BMP-1 大体相同。

俄罗斯 BMP-3 步兵战车

■ BMP-3 步兵战车编队

BMP-3 步兵战车是苏联于 1986 年推出的 BMP 系列第三款步兵战车，1989 年正式投产并装备军队。

BMP-3 步兵战车车身和炮塔是铝合金焊接结构，其他一些重要部分添加了其他钢材以加强强度和刚性。BMP-3 步兵战车的动力组件由 BMP-1、BMP-2 的在车头改为在车尾，为方便乘员进出而在车尾加上两道有脚踏的车门。BMP-3 步兵战车的火力极为强大，炮塔上装有 1 门 100 毫米 2A70 型线膛炮，此炮能发射破片榴弹和 AT-10 炮射反坦克导弹，在 2A70 型线膛炮右侧为 30 毫米口径的 2A72 机炮，左侧为 7.62 毫米 PKT 机枪。如同 BMP-2 一样，BMP-3 也可在水上行驶，它在水上行驶时改为由发动机带动一个喷水器向后方喷水。

· BMP-3 步兵战车侧前方视角 ·

俄罗斯 IMR-2 战斗工程车

■ IMR-2 战斗工程车进行爆炸物处理训练

· IMR-2 战斗工程车侧后方视角 ·

IMR-2战斗工程车是苏联设计制造的重型履带式战斗工程车,1983年开始服役。苏联解体后,IMR-2战斗工程车仍在俄罗斯军队服役,截至2019年1月仍然在役。

IMR-2战斗工程车由履带式底盘、通用推土铲、吊杆、车辙式扫雷犁组成。该车可完成清障、构筑行军公路、扫雷、挖掘掩体等工程作业,其开辟岩石障碍通路的速度为0.30~0.35千米/时,挖掘1.1~1.3米深壕沟的速度为5~10米/时,吊臂的起吊重量为2吨,吊臂伸出的最大长度为8.435米,平均扫雷速度为6~15千米/时。IMR-2战斗工程车装有免遭大规模杀伤武器破坏的防护系统、烟幕施放系统以及发动机-传动装置舱的自动灭火设备。车上的自卫武器是1挺12.7毫米高平两用机枪。

• 俄罗斯军队使用重型卡车运送IMR-2战斗工程车 •

• IMR-2战斗工程车的吊杆特写 •

德国 SdKfz 250 半履带装甲车

SdKfz 250（Sonderkraftfahrzeug 250）是德国德马格公司设计并生产的一款半履带装甲车，于1939年被德军采用，作为制式的半履带装甲车。

SdKfz 250 半履带装甲车是利用德马格公司车重仅1吨的D7型半履带式输送车底盘研制的，行动部分的前部是轮式，后部为履带式。履带部分占车辆全长的3/4，车体每侧有4个负重轮，比D7少1个，从而缩短了底盘的长度。主动轮在前，诱导轮在后，负重轮交错排列。履带是金属的，每条履带由38块带橡胶垫的履带板组成。该车和当时德国其他的半履带车辆一样，采用一种新的转向方法，即在公路上行驶时，只需操纵方向盘，利用前轮来转向；在需要作小半径转向或在越野行驶时，则用科莱特拉克转向机构来转向，最小转向半径为5米。

·迷彩涂装的SdKfz 250 半履带装甲车·

德国 SdKfz 251 半履带装

SdKfz 251（Sonderkraftfahrzeug 251）是德国在二战时期研制的一款半履带装甲车，于1939年正式批量生产，一直生产到1945年德国战败，总产量约16 000辆，几乎参加了二战中后期所有重大战斗。

SdKfz 251 半履带装甲车采用了当时不多见的半履带传送运动方式，以增加在恶劣地形下的越野能力，并能运载12名步兵。该车使用迈巴赫 HL 42 TUKRM 发动机，功率为74千瓦。SdKfz 251 半履带装甲车的前方装甲厚14.5毫米，侧面装甲厚8毫米，底盘装甲厚6毫米。该车的半履带结构使维修和保养比较复杂，也大大增加了非战斗损耗，公路上的行进效果比不上轮式车辆，泥泞等复杂地形又不如坦克，而且其前轮不具备动力，也无刹车功能，只负责转向、导向。

■ 博物馆中的 SdKfz 251 半履带装甲车

■ SdKfz 251 半履带装甲车左侧视角

甲车

■ Sd.Kfz.251 半履带装甲车侧面视角

德国"黄鼠狼"步兵战车

■ "黄鼠狼"步兵战车侧前方视角

· "黄鼠狼"步兵战车正面视角·

· "黄鼠狼"步兵战车后面视角·

"黄鼠狼"步兵战车是联邦德国在二战后研制一款的步兵战车，1969年4月正式批量生产，1970年进入联邦德国陆军服役。在21世纪之前，"黄鼠狼"步兵战车是联邦德国陆军机械化步兵师的主力步兵战车，现在正在被"美洲狮"步兵战车取代。

"黄鼠狼"步兵战车的车身由焊接钢板组成，能抵挡步枪子弹和炮弹碎片，车前的装甲能抵挡20毫米机炮弹的攻击，车身前方左侧为驾驶舱，驾驶员配备3个潜望镜。驾驶舱右侧为动力室，安装有1台MB833水冷式柴油发动机，搭配1个前进4档后退2档的变速箱，其动力系统所需要的冷却器在车身尾门左右两侧，其承载系统为扭力杆式，其中除了第3对和第5对车轮外皆配有油压减震器。"黄鼠狼"步兵战车的车身中央为1个双人炮塔，右侧为车长而左侧为炮手，其武器为1门20毫米Rh202机炮和1挺MG3同轴机枪，必要时可加上"米兰"反坦克导弹发射器和5发"米兰"反坦克导弹。

德国"美洲狮"步兵战车

■ "美洲狮"步兵战车高速行驶

"美洲狮"步兵战车是德国陆军正在研制的一款新型步兵战车，用以取代老式的"黄鼠狼"步兵战车，服役后将和德国"豹2"主战坦克协同作战。除了传统意义上的步兵战车功能，"美洲狮"步兵战车还可以通过模块化的设计，形成车族化、系列化，在网络中心作战中形成对敌立体、全面、多角度的打击。

　　"美洲狮"步兵战车的主要武器是1门30毫米MK30-2/ABM机关炮，由莱茵金属公司毛瑟分公司专为该车研制，具有极高的安全性和命中概率，即使在高速越野的情况下仍然具有很高的射击精度。该炮采用双路供弹，可发射的弹药主要有尾翼稳定曳光脱壳穿甲弹（APFSDS-T）和空爆弹（ABM），通常备弹200发。空爆弹的打击范围很广，包括步兵战车及其伴随步兵、反坦克导弹隐蔽发射点、直升机和主战坦克上的光学系统等。

· "美洲狮"步兵战车在野外训练 ·

· "美洲狮"步兵战车侧前方视角 ·

德国"鼬鼠"空降战车

■ "鼬鼠1"空降战车左侧视角

·展览中的"鼬鼠1"空降装甲车·

"鼬鼠"(Wiesel)空降战车是德国专为空降部队研制的一款轻型装甲战斗车辆,有"鼬鼠1"和"鼬鼠2"两种型号。1989年,首批生产型"鼬鼠1"空降战车交付德国陆军。20世纪90年代,改进型"鼬鼠2"空降装甲车问世。

"鼬鼠1"空降战车是一种动力前置式车辆,发动机在车体前部左侧,传动装置横置于发动机前方。"鼬鼠2"空降战车在"鼬鼠1"空降战车的基础上稍微加长了车身,车重稍有增加,行动部分增加了1对负重轮。"鼬鼠2"空降战车的战斗舱较大,能搭载3～5名步兵。"鼬鼠"系列空降战车的车体为钢装甲焊接结构,只能抵御7.62毫米枪弹的直接射击。"鼬鼠1"空降战车没有三防装置,而"鼬鼠2"空降战车可根据需要装备三防装置。"鼬鼠1"和"鼬鼠2"空降战车可根据变形车任务的不同选装多种武器,如7.62毫米机枪、12.7毫米机枪、反坦克导弹、20毫米机关炮、防空导弹、120毫米迫击炮等。

·搭载反坦克导弹的"鼬鼠1"空降战车·

·搭载小口径机枪的"鼬鼠2"空降战车·

CHAPTER 06 履带式/半履带式装甲车

英国通用载具

通用载具（Universal Carrier）是英国维克斯公司于1934～1960年间生产的一款履带式装甲车，也被称为布伦机枪运输车。该车是历史上制造数量最多的装甲战斗车辆之一，总产量高达11.3万辆。

通用载具可以根据步兵作战环境的不同，随意搭载不同种类的中型或重型武器，包括"布伦"轻机枪、"博伊斯"反坦克步枪、"维克斯"重机枪、M2重机枪以及步兵用反坦克发射器等。该车采用福特V-8发动机，功率为62.5千瓦。悬挂系统采用"霍斯特曼"悬挂系统。通用载具的用途极度广泛，而且十分轻便。比起功能和大小相近的轮式吉普车，使用履带的通用载具有较高的负载，以负荷薄装甲片和更多的物资。而且履带车辆的越野性能更加优秀，使其在担当任务时拥有特殊优势。不过通用载具比吉普车重，速度也比吉普车慢。

· 行驶中的通用载具 ·

英国"武士"步兵战车

"武士"(Warrior)步兵战车是英国于20世纪80年代设计制造的一款履带式步兵战车,1988年开始装备英国陆军,前后一共装备了789辆。此外,还有254辆出口到科威特。

■ "武士"步兵战车左前方视角

"武士"步兵战车采用传统布局,驾驶员位于车体前方左侧,其右侧为发动机舱,驾驶席设有3具潜望镜。炮塔内有车长与炮手,车尾载员舱内可容纳7名士兵,由车尾一扇向右开启的电动舱门进出。"武士"步兵战车的装甲以铝合金焊接为主,能抵挡14.5毫米穿甲弹以及155毫米炮弹破片的攻击。该车拥有核生化防护能力,核生化防护系统为全车加压式,并考虑到了长时间作战下的人员需求。"武士"步兵战车的车体中央有一座双人炮塔,装备1门30毫米机炮(备弹250发)和1挺7.62毫米同轴机枪(备弹2000发),炮塔两侧各配有1具"陶"式反坦克导弹发射器。

■ 装有格栅装甲的"武士"步兵战车

■ "武士"步兵战车在非铺装路面行驶

■ "武士"步兵战车前方视角

英国"风暴"装甲运兵车

"风暴"（Stormer）装甲运兵车是英国阿尔维斯汽车公司在"蝎"式轻型坦克基础上研制的一款履带式装甲运兵车，1981年开始服役。除装备英国陆军外，还出口到印度尼西亚、马来西亚、阿曼等国。

"风暴"装甲运兵车的车体由铝合金装甲焊接而成，为了增强防护力，车体还附加有披挂式装甲。车体左侧、车长位置下方有三防装置和空调设备。此外，车体前部每侧装有4具电动烟幕弹发射器。"风暴"装甲运兵车的武器通常安装在车顶前部，其后有舱盖。炮塔两侧待发位置各有4枚"星光"地对空导弹。车顶还可以选择安装多种武器，包括7.62毫米机枪、12.7毫米机枪、20毫米加农炮、25毫米加农炮、30毫米加农炮、76毫米火炮和90毫米火炮等。

■ "风暴"装甲运兵车侧前方视角

· "风暴"装甲运兵车发射"星光"地对空导弹 ·

· "风暴"装甲运兵车在非铺装路面行驶 ·

■ "风暴"装甲运兵车左前方视角

CHAPTER 06　履带式/半履带式装甲车　239

英国"弯刀"装甲侦察车

"弯刀"(Scimitar)装甲侦察车是"蝎"式轻型坦克的衍生型之一,1971年开始批量生产并装备部队,英军编号为FV107。除英军使用外,还出口到拉脱维亚和比利时等国。

"弯刀"装甲侦察车的驾驶员位于车体前部左侧,动力舱在前部右侧,战斗舱在后部。该车的底盘和炮塔与"蝎"式轻型坦克相同,采用铝合金装甲焊接结构,正面防护装甲可抵御14.5毫米穿甲弹攻击,侧面装甲能抗7.62毫米枪弹和炮弹破片的袭击。车后部有三防装置。"弯刀"装甲侦察车的主要武器为1门30毫米L30火炮(备弹165发),可迅速单发射击,也可6发连射,空弹壳自动弹出炮塔外。L30火炮在发射脱壳穿甲弹时,可在1500米距离上击穿40毫米厚装甲。主炮左侧安装有1挺7.62毫米L37A1同轴机枪,炮塔前部两侧各安装有4具烟幕弹发射器。所有武器装备都是电动操纵,但主炮和同轴机枪也可手动控制。

■ 训练场上的"弯刀"装甲侦察车

■ "弯刀"装甲侦察车侧前方视角

■ "弯刀"装甲侦察车侧面视角

■ "弯刀"装甲侦察车在泥泞路面行驶

CHAPTER 06 履带式/半履带式装甲车 241

法国 AMX-VCI 步兵战车

　　AMX-VCI 步兵战车是法国霍奇基斯公司于 20 世纪 50 年代初为满足法军要求而研制的一款步兵战车,在法军中装备数量很大,目前正逐步为 AMX-10P 步兵战车所取代。

　　AMX-VCI 步兵战车的车体分为 3 个舱室,驾驶舱和动力舱在前,载员舱居后。车体前部左侧是驾驶员席,右侧是动力舱。炮手和车长座位均在载员舱内,分别位于舱内的左边与右边。载员舱可背靠背乘坐步兵 10 人,并可通过向外开启的两扇后门出入。每侧有 2 个舱口,舱盖由上下两部分组成,每个舱盖的下部分有 2 个射孔。AMX-VCI 步兵战车的主要武器最早是 1 挺 7.5 毫米机枪,以后相继

• AMX—VCI 步兵战车侧前方视角 •

• AMX—VCI 步兵战车后方视角 •

被12.7毫米机枪或者安装有7.5毫米（或7.62毫米）机枪的克勒索-卢瓦尔CAFL 38炮塔所取代。

AMX-VCI步兵战车最初采用184千瓦的8缸水冷汽油机，后来改装博杜安发动机公司206千瓦的6V-53T柴油机。变速箱位于车体前部，其右侧是"克利夫兰"差速转向装置。行动部分采用扭杆悬挂，有5对负重轮和4对托带轮（有时也可用3对）。第一和第五负重轮处装有液压减振器。

法国 AMX-10P 步兵战车

• AMX-10P 步兵战车侧面视角 •

　　AMX-10P 步兵战车是法国于 20 世纪 60 年代研制的步兵战车，用以取代老式的 AMX-VCI 步兵战车。1968 年制造出第一辆样车，1972 年开始生产，1973 年首批车辆交付法军使用。2004 年，法国陆军对 AMX-10P 步兵战车展开了升级计划。

　　AMX-10P 步兵战车的主要武器是 1 门 20 毫米 M693 机关炮，采用双向单路供弹，并配有连发选择装置，但没有炮口制退器。弹药基数为 325 发，其中燃烧榴弹 260 发、脱壳穿甲弹 65 发。该炮对地面目标的最大有效射程为 1500 米，使用脱壳穿甲弹时在 1000 米距离上的穿甲厚度为 20 毫米；辅助武器为 1 挺 7.62 毫米机枪，位于主炮的右上方，最大有效射程为 1000 米，弹药基数为 900 发。如有需要，该车还可换装莱茵金属公司的 20 毫米 MK20 Rh202 机关炮，车顶两侧还可安装 2 个"米兰"反坦克导弹发射架。

· AMX—10P 步兵战车进行涉水训练 ·

· AMX—10P 步兵战车下水 ·

法国 AMX-30 战斗工程牵

　　AMX-30 战斗工程牵引车是法国地面武器工业集团设计制造的一款履带式工程车，1987 年开始装备法国陆军部队，用于取代老式的 AMX-13 战斗工程车。

　　AMX-30 战斗工程牵引车的底盘与 AMX-30 装甲抢救车的底盘基本相同，但是采用了 AMX-30B2 主战坦克的机动部件，包括发动机、传动装置、变矩器和悬挂装置。该车有车长、挖道工兵和驾驶员 3 名乘员，主要工程设备有推土铲、液压绞盘和液压吊臂。推土铲安装在车体正面，推土铲下部的背面配有 6 个松土齿，推土铲全部展开时宽 3.5 米，高 1.1 米。AMX-30 战斗工程牵引车的主要任务是清除战场障碍、设置障碍、修缮道路、破坏道路、清理河岸、准备渡口、准备射击阵地和迅速布设小雷场。该车推土铲的运土和装土能力为 250 立方米/时，挖土能力为 120 立方米/时，当车辆倒驶时推土铲的松土齿可用于破开深度达 200 毫米的道路。

■ AMX-30 战斗工程牵引车在城区行驶

■ AMX-30 战斗工程牵引车正前方视角

引车

· AMX-30 战斗工程牵引车侧后方视角 ·

■ AMX-30 战斗工程牵引车左前方视角

CHAPTER 06　履带式/半履带式装甲车　247

意大利"达多"步兵战车

"达多"（dardo）步兵战车是意大利于 20 世纪 90 年代研制的一款步兵战车，首批生产型从 2002 年 5 月开始交付意大利陆军。

"达多"步兵战车的车体及炮塔由 5083 型和 7020 型铝合金装甲板焊接而成，同时在车体前部及两侧采用了高硬度钢装甲板，并用螺栓紧固，钢装甲板厚度根据安装位置和铝合金装甲板倾斜度而有所不同。该车的主要武器是 1 门"厄利空"25 毫米 KBA-BO2 型机关炮，采用双向供弹，可发射脱壳穿甲弹和榴弹，弹药基数为 400 发。该炮的俯仰角度为 -10 度到 +60 度，战斗射速为 600 发/分。主炮旁边是 1 挺 7.62 毫米 MG42/59 并列机枪，弹药基数为 1200 发。

• "达多"步兵战车在山区训练 •

• 高速行驶的"达多"步兵战车 •

以色列"阿奇扎里特"装甲运

"阿奇扎里特"(Achzarit)装甲运兵车是以色列于20世纪80年代研发的一款重型装甲运兵车，主要用于人员的输送，一次可装载7人。

"阿奇扎里特"装甲运兵车是以苏联T-54/T-55坦克改装而成，拆除了原有炮塔，重新改造了车身及加装反应装甲，原有的苏制水冷柴油发动机改为更高功率的47.8千瓦柴油发动机（MK1），并将内部系统升级，在车顶加装多个舱门及车尾加装上下开合式舱门。"阿奇扎里特"装甲运兵车安装有3挺7.62毫米MAG通用机枪和"拉斐尔"车顶武器系统（装有7.62毫米或12.7毫米机枪），这种遥控武器系统由以色列拉斐尔公司研制，可在车内操控。

■ "阿奇扎里特"装甲运兵车侧后方视图

兵车

■ 俯视"阿奇扎里特"装甲运兵车

CHAPTER 06　履带式/半履带式装甲车

瑞典 CV-90 步兵战车

CV-90 步兵战车是瑞典于 20 世纪 70 年代研制的一款装甲战斗车辆，此后又在此基础上发展出了多种变形车，形成 CV-90 履带式装甲战车系列。

CV-90 系列步兵战车都采用相同的配置，驾驶舱位于左前方，动力舱在右前方，中间为双人炮塔，载员舱在尾部。为了增大内部空间，大多数出口型车辆尾部载员舱的车顶都设计得稍高。如有需要，该系列战车的总体布置可根据用户要求定制。CV-90 步兵战车的主要武器通常是 1 门 40 毫米机炮，辅助武器为 1 挺 7.62 毫米 M1919 型机枪。

·CV-90 步兵战车在雪地中训练·

·CV-90 步兵战车编队·

· CV-90 步兵战车侧前方视角 ·

· CV-90 步兵战车侧面视角 ·

瑞典 Bv206 装甲全地形车

Bv206 装甲全地形车是瑞典研制的一款全地形运输车，能在包括雪地、沼泽等所有地形上行驶，主要用于输送战斗人员和物资。1981 年 4 月，首批 Bv206 装甲全地形车交付瑞典陆军，之后共生产了 5000 多辆，被销售到多个国家。

Bv206 装甲全地形车由两节车厢组成，车身之间用转向装置连接。车体采用耐火玻璃纤维增强塑料制成，采用双层结构，不但坚固耐用，比钢车厢轻，而且还起防翻车作用。Bv206 装甲全地形车的前车厢内可载货 600 千克，或容纳 5 名士兵和 1 名驾驶员。后车厢可载货 1400 千克，或容纳 11 名全副武装的士兵。士兵的座位在车厢两旁及前面，背囊等物可放在车顶，车顶最重可承受 200 千克。Bv206 装甲全地形车在满载时可拖曳一辆总重为 2.5 吨的拖车在任何道路环境下行驶，后车厢可轻易更换以作特殊用途。

■ 用作救护车的 Bv206 装甲全地形车

■ Bv206 装甲全地形车在雪地中行驶

■ Bv206装甲全地形车侧面视角

■ Bv206装甲全地形车在沙堆上行驶

瑞典 BvS10 装甲全地形车

■ 荷兰海军陆战队装备的 BvS10 装甲全地形车

■ 训练场上的 BvS10 装甲全地形车

▪ BvS10装甲全地形车在山区训练

▪ BvS10装甲全地形车在下坡路段行驶

BvS10装甲全地形车是瑞典阿尔维斯·赫格隆公司研制的履带式全地形车，1998年开始服役。除装备瑞典军队外，该车还出口到英国、德国、法国、荷兰和西班牙等40多个国家。BvS10装甲全地形车用途广泛，可作为运兵车、指挥车、救护车、维修和救援车等。

BvS10装甲全地形车的外形轮廓与Bv206装甲全地形车相似，与后者相比，BvS10装甲全地形车重新设计了主动轮、诱导轮、履带、底盘和悬挂系统等。BvS10装甲全地形车没有安装固定武器，可根据需要在后车厢顶部安装武器，如英国海军装备的BvS10装甲全地形车安装有7.62毫米或12.7毫米机枪和一些标准的装备，包括数排烟幕弹发射器。BvS10装甲全地形车具有完全两栖能力，在水中可靠橡胶履带推进。该车还可通过CH-47和CH-53等直升机吊运或伞降，也可由C-130和C-17等运输机空运，以便进行快速部署。

日本89式步兵战车

•高速行驶的89式步兵战车•

• 89式步兵战车开火 •

■ 89式步兵战车前方视角

　　89式步兵战车是日本于20世纪80年代研制的履带式步兵战车，目前仍然是日本陆上自卫队的主要装备。

　　89式步兵战车的主要武器是瑞士厄利空公司生产的35毫米KDE机炮，由瑞士直接提供技术，在日本按许可证自行生产。该炮与87式自行高炮及L90牵引式高射机关炮上使用的35毫米KDA机关炮属于同一系列，在降低重量的同时，射速也降低到200发/分，身管为90倍口径，重量51千克，不仅可以对地面目标射击，还可对空射击，但由于没有配备有效的瞄准装置，仅限于自卫作战。

CHAPTER 07

轮式装甲车

轮式装甲车是世界上大多数国家军队的必备武器。在战场上，轮式装甲车的高速性能和强大火力配置，发挥着不可替代的作用。许多国家也纷纷研制出自己的国产轮式装甲车，以满足特定的作战需要。

美国 M3 装甲侦察车

　　M3 装甲侦察车（M3 Scout Car）是美国怀特汽车公司在二战时期研制的装甲侦察车，主要用于巡逻、侦察、指挥、救护和火炮牵引等用途。怀特汽车公司还对 M3 侦察车加以改进，推出了 M3A1 型。

　　M3A1 型首次亮相于菲律宾战场，并装备了位于北非战场及西西里岛的美国陆军骑兵部队。由于 M3A1 采用开放式车壳令其防护能力较低，四轮设计对山地及非平地的适应能力不足，美国陆军在 1943 年开始以 M8 轻型装甲车和 M20 通用装甲车将之取代，只有少量的 M3A1 服役于诺曼底及太平洋战场的美国海军陆战队等二线部队。

■ 武器齐备的 M3 装甲侦察车

·M3装甲侦察车前方视角·

·M3装甲侦察车侧面视角·

美国 M8 轻型装甲车

■ M8 轻型装甲车侧面视角

·M8 轻型装甲车后方视角·

·M8 轻型装甲车前方视角·

M8 轻型装甲车是美国福特汽车公司在二战时期生产的一款轻型装甲车,主要装备欧洲和远东地区的美军及英军,后者将其命名为"灰狗"(Greyhound)。

M8 轻型装甲车的武器为1门37毫米 M6 火炮(配 M70D 望远式瞄准镜)、1挺7.62毫米勃朗宁 M1919 同轴机枪和1挺安装在开放式炮塔上的12.7毫米勃朗宁 M2 防空机枪。该车可装载4名车组成员,包括车长、炮手兼装填手、无线电通信员(有时兼做驾驶员)及驾驶员,驾驶员和无线电通信员的座位位于车体前端,可打开装甲板直接观察路面环境,车长位于炮塔右方,炮手则位于炮塔正中间。

美国 T17 装甲车

T17 装甲车是美国福特汽车公司在二战时期研制的装甲车，虽然没有被美军运用于前线战场，但其改进型 T17E1（由雪弗兰汽车公司制造）被英联邦国家广泛采用，并被命名为"猎鹿犬"（Deerhound）。

T17 装甲车在转动炮塔上安装有 37 毫米主炮、同轴机枪及车头的机枪，部分 T17 加装防空机枪。该车安装了两个 6 汽缸发动机，可协调两个驱动轴的自动变速器，两个发动机可独立关闭，电动炮塔转向系统使 37 毫米主炮更稳定。

·T17E1 装甲车前方视角·

·T17E1 装甲车侧面视角·

美国 V-100 装甲车

V-100 装甲车是美国凯迪拉克·盖奇汽车公司于 20 世纪 60 年代研制的一款两栖四驱轻型装甲车，它可充当多种角色，其中包括装甲运兵车、救护车、反坦克车和迫击炮载体等。

V-100 装甲车使用无气战斗实心胎，可以在水中以 4.8 千米的时速前进。该车装甲采用高硬度合金钢，可以抵挡 7.62×51 毫米枪弹。由于装甲太重，该车后轮轴极易损坏。不过，因为合金钢装甲提供了单体结构框架，V-100 装甲车重量轻于加上装甲的普通车辆，另外装甲的倾斜角度也有助于防止枪弹和地雷爆炸而穿透装甲。V-100 装甲车的主要武器是 1 门 90 毫米 MK 3 火炮，1 具 20 毫米榴弹发射器和 1 挺 7.62 毫米机枪。

■ V-100装甲车前方视角

■ 葡萄牙军队装备的V-100装甲车

美国 HMMWV 装甲车

■ 高速行驶的 HMMWV 装甲车

HMMWV（High Mobility Multipurpose Wheeled Vehicle，高机动性多用途轮式车辆）是由美国汽车公司（AMC）于 20 世纪 80 年代设计生产的一款多用途装甲车，可以由多种运输机或直升机运输并空投，通常称为"悍马"装甲车。

HMMWV 装甲车安装了 1 台大功率柴油发动机，4 轮驱动，越野能力尤为突出。该车拥有 1 个可以乘坐 4 人的驾驶室和 1 个帆布包覆的后车厢。4 个座椅被放置在车舱中部隆起的传动系统的两边，这样的重力分配可以保证其在崎岖光滑的路面上拥有良好的抓地力和稳定性。1991 年，历经海湾战争一役后，其优异的机动性、越野性、可靠性和耐久性与各式武器承载上的安装适应能力，使该款车声名大噪。

·HMMWV 装甲车侧前方视角·

·伊拉克军队装备的 HMMWV 装甲车·

美国 M1117 装甲车

M1117 装甲车是美国达信海上和地面系统公司于 20 世纪 90 年代研制的一款四轮装甲车，1999 年美军购入本车作为宪兵用车，之后加强了装甲投入阿富汗和伊拉克战场，在火力密集区取代部分"悍马"的功能。

M1117 装甲车长约 6 米，宽为 2.6 米，重约 13 吨，载员 3～4 人，车体上设计有 1 座小型单人炮塔，集成有 12.7 毫米 M48 型重机枪和 40 毫米 MK 19 型榴弹发射器各 1 具，射手可在车内遥控操作。该车使用四轮独立驱动系统，易于操作、驾驶稳定，特别适用于城市狭窄街道。该车的防护性能介于"悍马"与"斯特赖克"装甲车之间，其装甲可承受 12.7 毫米口径重机枪弹、12 磅地雷破片或 155 毫米炮弹空爆破片的杀伤。该车可由 C-130 运输机空运，具备快速部署能力。

■ 保加利亚军队装备的 M1117 装甲车

■ M1117装甲车涉水行驶

■ M1117装甲车侧面视角

美国"斯特赖克"装甲车

"斯特赖克"装甲车（Stryker Vehicle）由美国通用动力子公司通用陆地系统设计并生产，设计理念源于瑞士的"食人鱼"装甲车。

"斯特赖克"装甲车的最大特点与创新在于，几乎所有的衍生车型都可以用即时套件升级方式从基础型改装而来，改装可以在前线战场上完成。M1126 装甲运兵车是"斯特赖克"装甲车族的最基本型号，其他的"斯特赖克"装甲车族成员都是在它的基础上改进而来。M1126 装甲运兵车有 1 位驾驶员和 1 位车长，能搭载 1 个全副武装加强步兵班。M1126 装甲运兵车装备的武器有 1 挺 12.7 毫米 M2 重机枪、1 具 40 毫米 MK 19 自动榴弹发射器、1 挺 7.62 毫米 M240 通用机枪等。该车族的其他型号包括 M1127 侦察车、M1128 机动炮车、M1129 迫击炮车、M1130 指挥车、M1131 炮兵观测车、M1132 工兵车、M1133 野战急救车、M1134 反坦克导弹车和 M1135 核生化监测车等。

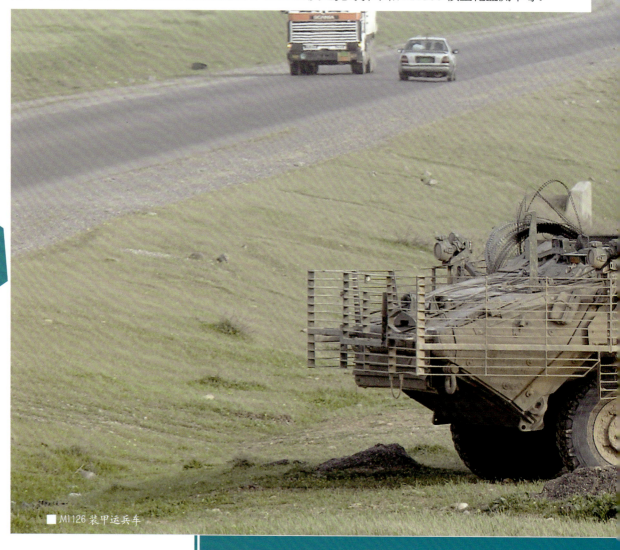

■ M1126 装甲运兵车

·M1134反坦克导弹车·

·"斯特赖克"装甲车在山区作战·

美国"水牛"地雷防护车

"水牛"地雷防护车（Buffalo Mine Protected Vehicle）是由美国军力保护公司研制的一款轮式装甲车，其设计上参考了南非"卡斯皮"地雷防护车。

"卡斯皮"地雷防护车原为四轮设计，而"水牛"地雷防护车则改为六轮，车头备有大型遥控工程臂以用于处理爆炸品。"水牛"地雷防护车采用V形车壳，若车底有地雷或简易爆炸装置爆炸时能将冲击波分散，有效保护车内人员免受严重伤害。在伊拉克及阿富汗服役的"水牛"地雷防护车加装了鸟笼式装甲，以防护RPG-7火箭筒的攻击。

• "水牛"地雷防护车侧面视角 •

• "水牛"地雷防护车侧前方视角 •

■ "水牛"地雷防护车的遥控工程臂

美国 JLTV 装甲车

JLTV 装甲车（Joint Light Tactical Vehicle，联合轻型战术车辆）是美国正在发展的新型四轮装甲车，2016 开始服役，并取代 HMMWV 装甲车。

自从 20 世纪 80 年代 HMMWV 装甲车在美军服役后，其各方面性能得到了战争的验证，尤其是越野性能，更是无与伦比，致使其他公司的同类车辆无法撼动它在美军中的地位。另一方面，美军为了能有更好的装甲车，同时需要加大国内军工企业的竞争，以此来获得最优秀的装备，所以在 HMMWV 装甲车服役后，仍在不断寻求新型装甲车，JLTV 装甲车就是为了取代 HMMWV 装甲车而研发。目前，JLTV 装甲车有 A、B、C 三种型号。A 型载重 1600 千克，作为 4 人步兵巡逻车。B 型载重 2000 千克，作为 6 人步兵巡逻车、指挥车、多机枪车。C 型载重 2300 千克，作为救护车、工程车、载货车。

• JLTV 装甲车进行越野测试 •

·JLTV装甲车高速行驶·

·洛克希德·马丁公司推出的三种JLTV装甲车·

美国 LAV-25 装甲车

LAV-25 装甲车是通用汽车公司为美国海军陆战队制造的一款 8×8 轮式装甲车，1983 年开始服役。

LAV-25 装甲车的车体较长，驾驶员位于车体前部左侧，炮塔居中，内有车长与炮手的位置，载员舱在车体后部。该车的车体和炮塔均采用装甲钢焊接结构，正面能抵御 7.62 毫米穿甲弹，其他部位能抵御 7.62 毫米杀伤弹和炮弹破片。乘员位置附近加装芳纶衬层，用于防止穿透装甲的弹丸、破片以及崩落的装甲碎块伤害车内乘员。虽然该车的装甲较薄，但车速较高，车身隐蔽性好，不易被击中，而且发动机噪声非常小，具有较好的战场生存能力。LAV-25 装甲车采用德尔科公司的双人炮塔，安装有 1 门 25 毫米链式机关炮。该炮有双向稳定，便于越野时行进间射击。辅助武器为 1 挺 M240 并列机枪和 1 挺 M60 机枪。炮塔两侧各有 1 组 M257 烟幕弹发射器，每组 4 具。

• LAV-25 装甲车侧面视角 •

· 美国海军陆战队士兵依托 LAV-25 装甲车作战 ·

· 涉水行驶的 LAV-25 装甲车 ·

· LAV-25 装甲车左前方视角 ·

CHAPTER 07 轮式装甲车 281

俄罗斯 BTR-60 装甲车

■ BTR-60 装甲车左前方视角

BTR-60装甲车是苏联于20世纪60年代研制的8×8轮式装甲运兵车,苏军于1961年开始装备基型车BTR-60P,1963年开始装备改进型BTR-60PA,1966年开始装备BTR-60PU指挥车和BTR-60PB对空联络车。

BTR-60装甲车的车体由装甲钢板焊接而成,前部为驾驶舱,中部为载员舱,后部为动力舱。该车可以水陆两用,水上利用车后的一个喷水推进器行驶。BTR-60装甲车可以安装附加装甲,以此提高乘员的战斗生存能力。该车拥有火焰探测和灭火抑爆设备、三防系统和生命维持系统等标准设备。车上装有自救绞盘,当车辆被陷住时,可利用绞盘的牵引力和钢缆进行自救。BTR-60装甲车的车体前部通常备有1挺装在枢轴上的7.62毫米机枪,也可换为12.7毫米机枪。

■ BTR-60装甲车在草原上行驶

■ BTR-60装甲车右前方视角

■ BTR-60装甲车右侧视角

俄罗斯 BTR-70 装甲车

■ 被留作纪念的退役 BTR-70 装甲车

■ BTR-70装甲车侧前方视角
■ BTR-70装甲车左侧视角
■ BTR-70装甲车参加登陆训练

BTR-70装甲车是苏联于20世纪70年代研制的8×8轮式装甲运兵车，1976年开始服役。在批量生产过程中，BTR-70装甲车的构造和外形没有太大改变，不同年代生产的车辆在细节上稍有差别。

BTR-70装甲车的车长和驾驶员并排坐在车体前部，驾驶员在左，车长在右，车前有两个观察窗，战斗时窗口都由顶部铰接的装甲盖板防护。炮塔位于车体中央位置。载员舱在炮塔之后，可运载7名士兵。该车的车体由钢板焊接，其防护能力较BTR-60装甲车有所增加，车前装甲以及车体前部和前轮之间的附加装甲都有所改善。BTR-70装甲车的主要武器是1挺14.5毫米KPVT重机枪，也可换为12.7毫米DShK重机枪。辅助武器为1挺7.62毫米PKT机枪。此外，车内还备有2支AK突击步枪、2具9K34便携式防空导弹、1具RPG-7火箭筒（备弹5发）和2具AGS-17自动榴弹发射器。

俄罗斯 BTR-80 装甲车

• BTR-80 装甲车在水中航行 •

• BTR-80 装甲车侧前方视角 •

　　BTR-80装甲车是苏联于20世纪80年代研制的一款轮式装甲车，主要用于人员输送。该车于1984年开始装备军队，1987年11月在莫斯科举行的阅兵式上首次公开露面。

　　BTR-80装甲车的炮塔顶部可360度旋转，其上安装有1挺14.5毫米KPVT大口径机枪，辅助武器为1挺7.62毫米PKT并列机枪。车内可携带2枚9K34或9K38"针"式单兵防空导弹和1具RPG-7式反坦克火箭筒。该车可水陆两用，水上靠车后单个喷水推进器推进，水上速度为9千米/时。当通过浪高超过0.5米的水障碍时，可竖起通气管不让水流入发动机内。此外，它还有防沉装置，一旦车辆在水中损坏也不会很快下沉。

俄罗斯 BRDM-2 两栖装甲

■ BRDM-2 两栖装甲侦察车侧前方视角

侦察车

• BRDM-2 两栖装甲侦察车侧前方视角 •

BRDM-2 是苏联于 20 世纪 60 年代研制的两栖装甲侦察车，现仍在俄罗斯军队中服役。

BRDM-2 的车体采用全焊接钢装甲结构，可防轻武器射击和炮弹破片，战斗室两侧各有 1 个射击孔，为扩大乘员观察范围，在射击孔上装有 1 套凸出车体的观察装置。驾驶员在车体前部左侧，车长位于右侧，二者前面都配有装防弹玻璃的观察窗口。为进一步加强防护能力，在防弹玻璃外侧上部加设装甲铰链盖。作战时，铰链盖放下，车长和驾驶员通过水平安装在车体上部的昼用潜望镜来观察周围地形。车体尾部没有开后门，乘员只能通过位于车长和驾驶员身后、车体上部开设的两个圆形舱口出入，舱盖铰接于车体，可向后 90 度转动。

• 老旧的 BRDM-2 两栖装甲侦察车 •

俄罗斯"回旋镖"装甲运

"回旋镖"（Bumerang）装甲运兵车是俄罗斯最新研制的一款轮式两栖装甲运兵车，2015年在莫斯科胜利日阅兵的预演中首次公开亮相。

与早前BTR系列装甲运兵车不同，"回旋镖"装甲运兵车的发动机安装在车体前方而不是车尾。该车设有后门及车顶舱门，以供乘员进出。"回旋镖"装甲运兵车的车组人员为3人，并可载运9名士兵。该车的车尾有2台喷水推进装置，使其拥有克服水流并快速前进的能力。"回旋镖"装甲运兵车采用先进的陶瓷复合装甲，并应用了最新的防御技术来避免被炮火击中。该车的主要武器是1门30毫米机关炮、1挺遥控操作的7.62毫米机枪（或12.7毫米机枪）以及4枚反坦克导弹，火力远强于美国"斯特赖克"装甲车。

■"回旋镖"装甲运兵车编队

兵车

· "回旋镖"装甲运兵车前方视角 ·

· "回旋镖"装甲运兵车俯视图 ·

· "回旋镖"装甲运兵车侧后方视角 ·

俄罗斯"虎"式装甲车

"虎"（Tiger）式装甲车是俄罗斯嘎斯汽车公司于21世纪初研制的一款轮式轻装甲越野车,于2006年开始服役。截至2019年,约有4万辆"虎"式装甲车成为俄罗斯军队制式装备,有不同的改型车充当警用车、特种攻击车、反坦克发射车以及通信指挥车。

"虎"式装甲车采用前置动力、四轮驱动的设计,前发动机舱外壳采用一体化带装甲防护的车身结构。与俄罗斯之前的越野车相比,"虎"式装甲车的装甲防护得到了极大的加强,整车更是配置了核生化三防系统。"虎"式装甲车的车体由厚度为5毫米、经过热处理的防弹装甲板制成,可有效抵御轻武器和爆炸装置的攻击。"虎"式装甲车可以搭载多种武器,包括7.62毫米PKP通用机枪、12.7毫米Kord重机枪、AGS-17型30毫米榴弹发射器、"短号"反坦克导弹发射器等。

■ 搭载"短号"反坦克导弹发射器的"虎"式装甲车

■ "虎"式装甲车在城区行驶

■ "虎"式装甲车编队

■ "虎"式装甲车进行越野测试

CHAPTER 07 轮式装甲车 293

乌克兰 BTR-4 装甲运兵车

BTR-4 装甲运兵车是乌克兰于 21 世纪初研制的一款轮式装甲运兵车，2009 年开始服役。除装备乌克兰陆军外，该车还被印度尼西亚海军陆战队、伊拉克陆军、哈萨克斯坦陆军等部队采用。

BTR-4 装甲运兵车的车首布局可提供给驾驶员和车长良好的前向及侧向视野，观察范围比 BTR-80 装甲运兵车更佳。车长及驾驶员的位置在车体前部，车长在右边，驾驶员在左边。驾驶员、车长座椅均为整体吊装式，可依身高进行调节并能向左右转动。宽敞的载员舱前方可安装多种炮塔。载员数量因所选装的武器系统不同而有所不同，基本型可运载 8 人。BTR-4 装甲运兵车可抵御 100 米内发射的 12.7 毫米子弹和 155 毫米榴弹破片的袭击。若加装模块化附加装甲，防弹能力可进一步提高。该车的主要武器是 1 门 30 毫米机关炮，还可装备 4 枚反坦克导弹。

■ BTR-4 装甲运兵车侧前方视角

■ BTR-4装甲运兵车在水中行驶

■ BTR-4装甲运兵车左侧视角

■ BTR-4装甲运兵车准备涉水行驶

德国"野犬"式全方位防护

·侧前方视角·

·捷克的"野犬"式全方位防护运输车·

·侧面视角·

■ "野犬"式全方位防护运输车在山区训练

运输车

　　"野犬"式全方位防护运输车（Allschutz-Transport-Fahrzeug Dingo，ATF Dingo）是德国国防军现役的一款军用装甲车，目前，它还被奥地利、比利时和捷克等国采用。

　　"野犬"式全方位防护运输车具有良好的防卫性能，能够承受恶劣的路况、机枪扫射和小型反坦克武器的攻击。该车安装有1挺7.62毫米遥控机枪，该武器也可以用12.7毫米机枪或HK GMG自动榴弹发射器取代。"野犬2"是"野犬"的改进型，主要提高了防护能力（可以加挂模块式附加装甲）和载荷，并配备了后视摄像机，有利于在城市环境中驾驶车辆。除此之外，"野犬2"还降低了红外信号特征，在红外线热像仪面前具有一定的隐身能力。

德国"拳师犬"装甲运兵车

■ 高速行驶的"拳师犬"装甲运兵车

■ "拳师犬"装甲运兵车侧面视角

■ "拳师犬"装甲运兵车侧后方视角

"拳师犬"（Boxer）装甲运兵车是德国克劳斯－玛菲·威格曼公司设计并制造的一款轮式装甲运兵车，2008年开始服役。除装备德国和荷兰军队外，立陶宛也有进口。

　　"拳师犬"装甲运兵车最突出的特点是不变的车体与模块化设计的结合。车体用高硬度装甲焊接，模块化设计包括驾驶模组和任务模组两大部分。它保持车体不变，后车厢则被分成一组一组的模块。通过调整模块，可将原来的装甲运兵车变成装甲救护车、后勤补给车或装甲指挥车等，而更换后车厢模块仅用1小时就能完成。"拳师犬"装甲运兵车有3名车组人员，最多可运载8名士兵，其车体设计非常强调乘坐舒适性，使乘员能在艰苦的作战环境下长时间坚持作战。该车可以安装多种不同类型的武器，包括12.7毫米机枪、7.62毫米机枪、20毫米机关炮、25毫米机关炮、30毫米机关炮、105毫米突击炮、120毫米迫击炮等。

■ "拳师犬"装甲运兵车左前方视角

英国"撒拉森"装甲车

■ 澳大利亚军队的"撒拉森"装甲车

"撒拉森"（Saracen）装甲车是英国阿尔维斯汽车公司于20世纪50年代研制的一款六轮装甲车，曾是英国陆军的主要装备之一。

"撒拉森"装甲车是阿尔维斯汽车公司生产的FV 600系列装甲车之一，为6×6轮式设计。该车安装了劳斯莱斯B80 MK6A 8缸汽油发动机，装甲厚16毫米，连同驾驶员和车长共可载11人，车体上安装有小型旋转炮塔，炮塔上有1挺L3A4（M1919）同轴机枪，另有1挺用于平射及防空的布伦轻机枪。

· "撒拉森"装甲车侧前方视角 ·

· 英国陆军装备的"撒拉森"装甲车 ·

法国 VBCI 步兵战车

■ VBCI 步兵战车参加联合国维和行动

VBCI（Véhicule Blindé de Combat d'Infanterie）是法国新一代步兵战车，于 2008 年开始服役，具备与主战坦克接近的机动性与通过性，并可以由 A400M "空中客车"运输机运输。

VBCI 步兵战车为乘员和军队提供多种威胁保护，包括 155 毫米炮弹碎片和小 / 中等口径炮弹等。它的铝合金焊接车体，配备有装甲碎片衬层和附加钛装甲护板，以防备反坦克武器。框结构底盘和驱动装置提供爆炸地雷的防护。该车有极强的机动性，能够在诸如 60 度前进斜度、30 度侧斜度、2 米沟渠和 0.7 米梯状地带等地形恶劣地区行进。此外，如果一个车轮被地雷损坏，车辆能使用剩余的 7 个车轮驱动。

· VBCI 步兵战车侧面视角 ·

· VBCI 步兵战车侧前方视角 ·

· 法军士兵离开 VBCI 步兵战车 ·

法国 VBL 装甲车

·希腊军队装备的 VBL 装甲车·

VBL 装甲车（Véhicule Blindé Léger，轻型装甲车）是法国于 20 世纪 90 年代研制的一款轮式装甲车，有轻装甲能力，在战场上担任的角色类似于美军"悍马"装甲车。除装备法国军队外，该车还出口到希腊、墨西哥、阿曼、葡萄牙和科威特等国。

VBL 装甲车的车顶上配有可 360 度回旋的枪架和枪盾装置，能安装多种轻机枪或重机枪（如 FN Minimi 轻机枪、勃朗宁 M2 重机枪等）。该车虽然有装甲，但是重量不到 4 吨，具有很强的战略机动性。此外，它体积也很小，便于使用 C-130、C-160 或 A400M 等运输机空运。

· 俯视 VBL 装甲车 ·

· 法国陆军的 VBL 装甲车 ·

· VBL 装甲车正面视角 ·

法国 VAB 装甲车

・VAB 装甲车前方视角・

・阿富汗战场上的 VAB 装甲车・

・VAB 装甲车的驾驶舱・

VAB 装甲车是法国军队的现役主力轮式装甲车，于 1976 年开始服役，其构型有 4×4 和 6×6 两种，衍生型极多。除装备法国军队外，该车还出口到意大利、卡塔尔、印度尼西亚、摩洛哥、科威特等多个国家。

　　VAB 装甲车的车体前部是驾驶舱，左侧是驾驶员位置，右侧是车长位置。驾驶舱后面是动力舱，配备了独立的灭火系统。车体后部是载员舱，里面可容纳 10 名全副武装的士兵，从后门上下车。VAB 装甲车的车体由高强度钢板焊接而成，能够抵挡 100 米距离内的 7.62 毫米枪弹和弹片的杀伤。法军装备的 VAB 装甲车都有三防装置，出口型可根据订货方的要求安装。VAB 装甲车的车载武器是安装在车长上方顶甲板的 CB52 枪塔，配备 1 挺 7.62 毫米 AA-52 通用机枪。另外，还可安装 TLi52A 枪塔，配备 1 挺 12.7 毫米 M2HB 机枪。该车的出口型可根据订货方的要求安装其他武器，包括导弹和火炮等。

■ VAB 装甲车侧面视角

法国 AMX-10RC 装甲车

■ 炮塔旋转后的 AMX-10RC 装甲车

AMX-10RC 装甲车是由法国地面武器工业集团制造的轻型轮式装甲侦察车，1981年开始服役。除装备法军外，摩洛哥和卡塔尔也进口了 AMX-10RC 装甲车。

AMX-10RC 装甲车的车体和炮塔为全焊接的铝制结构，可使乘员免受轻武器、光辐射和弹片的伤害。该车安装了核生化防护系统，这使它能在被放射线污染的环境中执行侦察任务。AMX-10RC 装甲车的主要武器是 1 门安装在铝制焊接炮塔上的 105 毫米线膛炮，其火力较强，可发射尾翼稳定脱壳穿甲弹、高爆弹、反坦克高爆弹以及烟幕弹等。其中，尾翼稳定脱壳穿甲弹可在 2000 米的距离外穿透北约装甲标靶中的第三层重甲。辅助武器为 1 挺 7.62 毫米机枪，备弹 4000 发。

· AMX-10RC 装甲车及其弹药 ·

· AMX-10RC 装甲车开火 ·

· AMX-10RC 装甲车前方视角 ·

意大利 VBTP-MR 装甲车

VBTP-MR 装甲车是意大利依维柯公司专为巴西军队设计的一款轮式两栖装甲车，2015 年开始装备巴西海军陆战队。

VBTP-MR 装甲车是一种六轮装甲车，也有八轮版本。该车采用常规布局，动力系统前置，进出气口位于车体右侧，驾驶员和车长一前一后位于车前左侧。VBTP-MR 装甲车可运载 9 名全副武装的士兵，乘员可通过后部和顶部舱门进出。该车的基本车体装甲可提供对小口径武器直射、中小口径炮弹弹片的防护能力。为提高车辆防护能力，提高任务弹性，除内部加挂防剥落衬层装甲外，其外部也可进一步加挂复合装甲。VBTP-MR 装甲车采用以色列埃尔比特公司生产的 UT-30 无人炮塔，可配用多种武器，如 7.62 毫米机枪、12.7 毫米机枪、30 毫米榴弹发射器、40 毫米榴弹发射器或反坦克导弹等。此外，激光告警系统、车长全景式瞄准具和发烟榴弹发射器也与炮塔整合在一起。

▶ VBTP-MR 装甲车在公路上行驶

■ VBTP-MR 装甲车进行越野测试

■ VBTP-MR 装甲车侧后方视角

■ VBTP-MR 装甲车左前方视角

瑞士"食人鱼"装甲车

"食人鱼"（Piranha）装甲车是瑞士摩瓦哥公司研制的一款轮式装甲车，根据车轮数量有4×4、6×6、8×8、10×10等版本，是欧美国家广泛使用的车系，并授权日本、加拿大、英国、智利等多国生产，现已发展到第五代。

"食人鱼"装甲车安装了底特律6V53TA柴油机。乘员可利用中央轮胎压力调节系统，依据车辆路面行驶状况调节轮胎压力。车内有预警信号装置，当车辆行驶速度超过所选择轮胎压力极限时，预警信号装置便发出报警信号。该车有多个驱动系统，即使地雷炸坏了一个驱动分系统，车辆仍能继续行驶。

■"食人鱼"装甲车前方视角

■ "食人鱼"装甲车参加阅兵式

■ 早期的"食人鱼"装甲车

南非 RG-31 防地雷反伏击车

■ 加拿大军队装备的 RG-31 防地雷反伏击车

■ RG-31 防地雷反伏击车左侧视角

■ 西班牙陆军 RG-31 防地雷反伏击车编队在阿富汗作战

RG-31 防地雷反伏击车是英国宇航系统公司南非分公司设计并制造的一款防地雷反伏击车，2000 年开始服役。

RG-31 防地雷反伏击车的动力舱在车体前部，其后是车长和驾驶员。驾驶舱和载员舱没有明显分隔，载员舱两侧各有 4 个座位，均配有安全带，乘员面对面乘坐。RG-31 防地雷反伏击车的 V 形车体抗地雷能力强，可承受 14 千克 TNT 当量的反坦克地雷在任何一个车轮下的爆炸，也能防御 7 千克地雷在车体下爆炸所产生的冲击。它的大型防弹车窗能为全体车内乘员提供良好的视野。RG-31 防地雷反伏击车各个型号的弹道防护水平不断提升，MK 3 型达到国际标准一级防护水平，MK 5 型又提高到国际标准二级防护水平。车上配备了饮用水箱和大功率空调扇，提高了车辆和人员在热带沙漠地区的生存力。RG-31 防地雷反伏击车的武器装备载荷可根据用户作战任务需要配装。

■ 被地雷损坏的 RG-31 防地雷反伏击车

南非 RG-35 防地雷反伏击车

RG-35 防地雷反伏击车是英国宇航系统公司南非分公司设计并制造的一款防地雷反伏击车,2009 年开始服役。

RG-35 防地雷反伏击车的防护能力比 RG-31 防地雷反伏击车有明显加强。全车采用高强度装甲钢焊接结构,可抗动能弹,能抵御 14.5 毫米枪弹和 155 毫米炮弹破片的袭击。V 形底盘设计,车底和每个车轮都能防御 10 千克装药的反坦克地雷。座椅底板都进行装甲强化处理,可抗地雷爆炸时所

■ RG-35 防地雷反伏击车在山地行驶

产生的冲击波。如果进入危险性高的地方作战，RG-35防地雷反伏击车可加挂附加装甲，通常在车体前部、尾部和四周增挂50毫米厚附加装甲，车底加挂120毫米厚附加装甲。RG-35防地雷反伏击车还采取了其他防护措施，如配备激光告警器、烟幕弹发射器和整体式核生化防护装置。RG-35防地雷反伏击车主要承担前线兵力的投送任务，因而武器系统没有加强。车顶遥控武器站配备1挺12.7毫米机枪，可选择增配40毫米榴弹发射器。

• RG-35防地雷反伏击车俯视图 •

• RG-35防地雷反伏击车侧前方仰视图 •

• RG-35防地雷反伏击车右侧视角 •

日本 96 式装甲运兵车

96 式装甲运兵车是日本 60 式装甲运兵车和 73 式装甲运兵车的后继车型，1992 年由小松制作所开始研发，1996 年设计定型，同年开始批量生产并装备部队。

96 式装甲运兵车的车体前方右侧为驾驶席，驾驶席的上方装有弹出式舱门，舱门上安装了 3 具潜望镜。驾驶席左侧为动力舱，装有水冷式柴油发动机。驾驶席后方设置了车长席，并设有车长指挥

■ 96 式装甲运兵车侧前方视角

塔。车体后部为载员舱，可以搭乘 8 名士兵，分为两排面对面乘坐，座椅是每两个座位为一组。由于车内空间宽敞，最多时可以搭乘 10 名士兵。载员舱的最前部、动力舱的左侧正后方设有步兵班长席，为了便于观察，其左侧设有安装防弹玻璃的小窗口。96 式装甲运兵车的主要武器根据用途的不同，可以是 96 式 40 毫米自动榴弹发射器，也可以是 M2 型 12.7 毫米重机枪。

• 96 式装甲运兵车前方视角 •

• 96 式装甲运兵车侧后方视角 •

• 96 式装甲运兵车侧面视角 •

日本高机动车

　　高机动车是日本丰田汽车公司为日本陆上自卫队研制的一款军用车辆,又被称为"疾风"或"日本悍马"。1993年,高机动车率先装备日本陆上自卫队富士教导学校。

　　高机动车采用四门设计,除了主副驾驶室的车门外,还有车尾对开的尾门。该车将底盘零部件裸露在外,而且在尾部提供了上车踏板。这种设计的好处在于提高了部队的机动性与车辆的维修便捷

■高机动车侧面视角

■高机动车正面视角

性。高机动车采用了多层次玻璃纤维真空成型车身,内部有一层防弹贴装可防小型武器和弹片,实际使用时也可外挂装甲。该车搭载的武器以小口径武器为主,通常是 1 挺 7.62 毫米 FN Minimi 机枪。该车也可以根据需要安装其他武器,如地对空导弹、榴弹发射器、烟幕弹发射器等。

■ 高机动车右前方视角

■ 搭载 96 式多用途导弹的高机动车

参考文献

[1] 张翼. 重装集结：二战德军坦克及变型车辆全集 [M]. 北京：人民邮电出版社，2012.

[2] [美] 克里斯多夫·福斯. 简氏坦克与装甲车鉴赏指南(典藏版)[M]. 北京: 人民邮电出版社，2012.

[3] [美] 杰克逊. 坦克与装甲车视觉百科全书 [M]. 北京：机械工业出版社，2014.

[4] 潘晓滨. 战地先锋：二战德国半履带装甲车全史 [M]. 北京：中国长安出版社，2014.

[5] 李大光. 世界著名战车 [M]. 西安：陕西人民出版社，2011.